Eva Mayer-Bahl

Böhmische Küche

Eva Mayer-Bahl

Böhmische Küche

Küchentradition

Die Küchentradition Tschechiens ist stark von den Nachbarländern geprägt. Besonders der österreichische und der ungarische Einfluss sind unübersehbar und zeigen sich in vielen Gerichten.

In ländlichen Gegenden findet man zahlreiche Fischteiche, deren Edelfische den Küchenzettel bereichern. Die Karpfen von *Tielou* genießen internationalen Ruf. Sie bilden das traditionelle Weihnachtsessen vieler Tschechen.

Seit jeher gilt Tschechien als Eldorado für Jäger; und die Liebhaber von Wildgerichten kommen bei einem Besuch in diesem gastfreundlichen Lande voll auf ihre Kosten. Als Lieblingsessen der Tschechen gilt unbestritten, genauso wie bei uns in Bayern, ein saftiger Schweinebraten mit Sauerkraut und Knödel, der als Nationalgericht gilt. In Böhmen schätzt man besonders auch die *Bramboračka,* eine schmackhaft zubereitete Kartoffelsuppe, den Prager Schinken, den vorzüglichen böhmischen Rinderbraten und zahlreiche Rezepte für Geflügel.

Auch die diversen Wurstspezialitäten tragen dazu bei, den Ruf der böhmischen Küche zu festigen.

In Böhmen scheint man auf Gemüse wenig Wert zu legen. Eine Ausnahme bilden Sauerkraut, Kartoffeln, Erbsen und Bohnen sowie Pilze. Die Hauptrolle übernehmen bei Tisch die Knödel *(knedliky).*

In Bezug auf Mehl- und Süßspeisen braucht die böhmische Küche den Vergleich mit ihrer berühmten Wiener Schwester und der ungarischen Konditorkunst nicht zu scheuen. Beim Anblick der zahlreichen Arten von Kleingebäck, des hervorragenden Apfelstrudels, der warmen Aufläufe und besonders der liebevoll garnierten Mehlspeisen, die mit köstlicher Fruchtsauce oder Creme serviert werden, kann einem das Wasser im Munde zusammenlaufen.

Nationale Spezialitäten wie Karlsbader- und Marienbader-Oblaten werden von Feinschmeckern auf der ganzen Welt geschätzt und genossen. Auch zum Nachtisch verzehrt man gerne Knödel, die mit Obst wie Zwetschgen, Kirschen oder Aprikosen gefüllt sind. Dabei wird der Appetit des Essers an der Anzahl der verspeisten Knödel gemessen.

Alle Ehre wird auch kleinen Konfitürekrapfen, den *Liwanzen,* zuteil. Über die allseits bekannten Palatschinken *(palačinky)* braucht man weiter nichts zu sagen. Sie haben sich die Herzen aller Feinschmecker erobert und gehören auch in den umliegenden Ländern zum Repertoire jeder Mehlspeisenköchin.

Wer nach einem reichlichen Mahl Magenbeschwerden befürchtet, greife zu einem Karlsbader Becherbitter oder einem gut abgelagerten Slivowitz. König der Getränke und Nationalgetränk ist schlechthin das Bier. Wer kennt nicht das Pilsener, Fleck- und Thomsbier sowie das Budweiser, Smichover helles *svetle* oder dunkles Bier, *černe pivo?*

Burghausen, im Februar 1999
Ihre Eva Mayer-Bahl

Zu den Rezepten

Alle hier angegebenen Rezepte gelten, je nach Appetit, für 4–6 Personen.

Bei der Maßangabe Eßlöffel (EL) ist ein gehäufter Löffel gemeint, wenn nicht anders angegeben. Das gleiche gilt für die Maßgabe Teelöffel (TL).

Für alle Koch- und Backrezepte gelten die im Handel erhältlichen Gefäße und Formen.

Wird die Schale von Zitronen oder Orangen verwendet, ist von unbehandelten Früchten auszugehen.

Die Backtemperaturen sind Circa-Angaben, sie müssen dem heimischen Backrohr entsprechend angepaßt werden.

Abkürzungen

TL	Teelöffel	ml	Milliliter
EL	Eßlöffel	cl	Zentiliter
mg	Milligramm	l	Liter
g	Gramm	1 l = 100 cl = 1000 ml	
kg	Kilogramm		

In der böhmischen Küche wurde immer viel Fett verwendet. Heute weiß jeder, dass zuviel Fett gesundheitsschädlich ist. Deshalb wurde es in den Rezepten bereits reduziert, was in keinem Fall den Charakter und Geschmack dieser Mehlspeisen beeinträchtigt.

Inhalt

Zu den Rezepten   7

🟨 *Suppen*   15

Goldapfelsuppe   15
Fleischstrudel-Suppe   17
Rinderfilet-Suppe   17
Leimhaltige Kraftsuppe   18
Böhmische Kraftsuppe   18
Bratenreste-Suppe   18
Eingebrannte Kalbfleischsuppe   18
Krautsuppe mit Geräuchertem   20
Russische Kohl-Suppe   21
Kuttelfleck-Suppe   22
Venezianische Fastensuppe   22
Böhmische Erdäpfelsuppe   24
Käsesuppe   25
Weichselsuppe   25

■ Suppeneinlagen 27

Erdäpfelbällchen 27
Lebernockerl 28
Kalbfleischknödelchen 29
Hirnroulade 29
Butternockerl 30
Kaiserschöberl 30

■ Vorspeisen 33

Kartoffelkrapfen 33
Gebackene Käsekrapfen 34
Pilzroulade 34
Biskuitroulade mit Hirnfüllung 35
Pilz-Palatschinken 36
Schinkenkipferl 37
Lungentaschen 38
Risolen 39

■ *Fleischgerichte*   *41*

Würzfleisch   41
Gedämpftes Rinderfilet   42
Lungenbraten auf böhmische Art   42
Kalbsschnitzel mit Schinken   42
Schwalbennester   45
Schnitzel Villeroy   45
Sedam-Kalbsnieren   46
Gehackte Kalbskoteletts   47
Kalbsfaschiertes mit Reis   47
Kalbszunge polnisch   47
Gefülltes Kalbsherz   48
Gefüllte Paprika auf böhmische Art   48
Rouladen mit Ei-Hackfleisch-Füllung   49
Böhmisches Bierfleisch   51
Gefüllter Schweinebauch   52
Schweinesülze   52
Geselchtes mit Reis   52
Beuscherl   53

■ *Fischgerichte*   *55*

Stör mit Rahm und Zitrone   55
Gebackener Karpfen   56
Gedämpfter Karpfen   56
Gefüllter Karpfen   56
Schicht-Karpfen   58
Forelle in Butter mit
   Mandelsplittern   59
Forelle mit Champignons   59
Fische in Weinteig   59
Fisch-Ragout   60
Gespickter Hecht auf
   böhmische Art   61

■ Geflügel   63

Gebackene Tauben   63
Gefüllte Tauben   63
Gefüllte Gans   63
Faschierte Gansbrust   65
Gefüllter Ganskragen   66
Gebratene Ente   66
Gebratener Truthahn   68
Huhn auf Marengo-Art   68
Béchamelhuhn   70
Gebackenes Hühnerfleisch
   in Bierteig   69
Hühnerfrikassee   70
Hühnerragout   70
Geschichteter Reis   71

■ Wildgerichte   73

Rahmfasan   73
Gebratene Wildente mit Weichseln   74
Wildschweinschinken mit
   Hagebuttensoße   75
Rehschlegel mit Orangensoße   76
Hasenscheiben mit Zitrone   77
Hase in Wein   78
Hase faschiert   78
Hasenpastete   80
Wildkroketten   80
Wildpastete   80

■ Gemüsegerichte 83

Böhmische Specklinsen   83
Weiße Bohnen   83
Saures Erdäpfelgemüse   84
Paradeis-Erdäpfel   85
Götzenknödel   85
Erdäpfelknödel   86
Krauttascherln   86
Erdäpfelknödel   86
Krauttascherln   86
Böhmische Röllchen   89
Böhmische Serviettenknödel   89
Meridon   90

Schinkenfleckerl   91
Schinken-Topfen-Bombe   91
Gekochter Kopfsalat   93
Böhmisches Rotkraut   94
Spargel mit Erbsen   95
Spargel mit Eierschwammerl   95
Kürbisgemüse   96
Gurkengemüse   97
Rosenkohl mit Creme   98
Sauerampfer-Gemüse   98
Spinatauflauf   98
Paradeis-Kraut   99

■ Mehlspeisen, Kartoffel- und Teigwaren   101

Buchteln   102
Böhmische Dalkerl   102
Liwanzen   103
Egerer Mohnkuchen   104
Franzensbader Mandelkipferl   105
Kolatschen mit Mohn   106
Hefeobstkuchen   107

■ Mehlspeisen 109

Powidltascherln 109
Zitronenkoch 110
Franzensbader Krachkuchen 110
Böhmischer Zwetschgenkuchen 111
Aprikosenkuchen 112
Prager Guglhupf 113
Kolatschen aus Karlsbad 114
Prager Apfelküchlein 114
Semmelkoch 115

■ Nachspeisen 117

Zitronenpudding 117
Karamellcreme 117
Gesulzte Kastaniencreme 118
Gestürzte Himbeercreme 119
Schaumeier auf Creme 119

Suppen

Goldapfelsuppe

85 g Butter
3 Eier, getrennt
50 g Mehl
etwas Salz
etwas abgeriebene Schale
einer unbehandelten Zitrone
Butter und Mehl für die Form
150 g gekochter, fein
gehackter Schinken
1 l Rinderbrühe
Puddingform

Butter schaumig rühren, nach und nach die Eidotter dazugeben. Dann Mehl, Salz, Zitronenschale und zuletzt die steif geschlagenen Eiklar unterheben. Puddingform gut ausbuttern und bemehlen. Die Hälfte des Teiges hineingeben, darauf den Schinken und darüber den restlichen Teig. Die Form verschließen und im Wasserbad 1 Stunde kochen lassen. Öffnen, den Pudding auf eine Platte stürzen, auf 4–6 Suppenteller verteilen und kochende Brühe darüber gießen.

Die Form des aufgeschnittenen Puddings erinnert an einen »goldenen« Apfel.

– Fleischstrudel-Suppe –

Fleischstrudel-Suppe

Für den Strudelteig:
250 g Mehl
1 Ei
1 Prise Salz
etwas kaltes Wasser
1 EL Öl

Für die Fleischfüllung:
500 g gebratenes oder
gekochtes Fleisch
1 Zwiebel
1 EL Petersilie
50 g Fett
1 Ei, 2 Eidotter
½ TL Salz
abgeriebene Schale von
½ unbehandelten Zitrone
1 Prise Pfeffer
1 Prise Muskat

1 l Rinderbrühe

Für den Strudelteig das Mehl in eine Schüssel geben, in die Mitte eine Vertiefung drücken. A le anderen Zutaten dazugeben und zu einem glatten Teig verarbeiten. So lange abschlagen, bis er nicht mehr an den Fingern kleben bleibt. Den Teig abdecken und 1 Stunde ruhen lassen.
Inzwischen das Fleisch mit der Zwiebel und der Petersilie durch den Fleischwolf drehen. Das Fett erhitzen, die Fleischmasse hineingeben und kurz anbraten. Die Masse auskühlen lassen und dann das Ei und die Eidotter zusammen mit dem Salz und den Gewürzen hineinkneten.

Danach den Teig auf einem bemehlten Küchentuch dünn ausziehen, die Fleischmasse gleichmäßig darauf verteilen und den Strudel mit Hilfe des Küchentuchs zusammenrollen. Die Rolle mit einem Kochlöffel in ca. 10 cm lange Stücke teilen und die Enden gut zusammendrücken. Bei 200 °C im vorgeheizten Ofen ca. 15 Minuten backen. Zum Servieren jeweils ein Stück des Fleischstrudels in einen Suppenteller geben und die heiße Brühe darüber gießen.

Rinderfilet-Suppe

Foto

50 g Fett
1 fein gehackte Zwiebel
500 g Rinderfilet
Salz
Pfeffer
100 g Reis
ca. 1 ½ l Rinderbrühe
geriebener Parmesan

Das Fett erhitzen und die Zwiebel darin hellgelb andünsten. Das Filet in kleine Würfel schneiden, dazuge-

ben und gut anrösten. Salzen und pfeffern und halbweich dünsten. Den gewaschenen Reis dazugeben, mit etwas Brühe aufgießen und alles fertig garen. Dann mit der restlichen heißen Rinderbrühe vermischen und mit Parmesan servieren.

Leimhaltige Kraftsuppe

500 g Ochsenschlepp (Ochsenschwanz, vom dickeren Ende)
2 gehackte Kalbsfüße
1 Schweinsfuß
1 Petersilienwurzel
1 gelbe Rübe
½ Sellerieknolle
1 Zwiebel, geschält
1 Nelke
5 Pfefferkörner
1 TL Salz
1½ l kaltes Wasser
2 Eidotter
1 EL saurer Rahm

Das Fleisch und das geputzte, in grobe Stücke geschnittene Gemüse mit den Gewürzen und Salz im kalten Wasser ansetzen, zum Kochen bringen und 3 Stunden lang köcheln lassen. Dann abseihen, das sehr weich gekochte, von den Knochen gelöste Fleisch durch ein Sieb streichen und wieder zur Brühe geben. In einer Schüssel die Eidotter mit dem sauren Rahm verquirlen und die fertige Suppe darüber gießen.
Besonders für zartgliedrige Kinder und stillende Mütter geeignet.

Böhmische Kraftsuppe

500 g Suppenfleisch (von der Rinderwade)
500 g Rinderknochen
1 Petersilienwurzel
1 gelbe Rübe
½ Sellerieknolle
1 kleine Zwiebel
(oder 1 Stange Lauch)
1 Nelke
1½ l kaltes Wasser
1 TL Salz
2 Eidotter

Das Fleisch roh durch den Fleischwolf drehen. Mit den Rinderknochen, dem geputzten, ganzen Gemüse und der Nelke im kalten Wasser ansetzen und zum Kochen bringen. Gut 2 Stunden köcheln lassen, dann abseihen und die Brühe mit Salz abschmecken. In einer Schüssel die Eidotter verquirlen und die fertige heiße Suppe darüber gießen.
Für Kranke eine kräftigende Suppe.

Bratenreste-Suppe

30 g Fett
30 g Mehl
1 Knoblauchzehe
1–1½ l Wasser (je nach gewünschter Sämigkeit)
200 g Braten- und Geflügelreste
Salz
1 Prise Zucker

etwas Essig
1 EL Rahm
etwas Basilikum

Aus Fett und Mehl eine dunkle Einbrenne herstellen. Knoblauchzehe zerdrücken, hinzufügen und die Einbrenne mit Wasser auffüllen. Die Fleischreste klein schneiden und in die Suppe geben. Mit Salz, Zucker und Essig abschmecken, aufkochen lassen. Rahm hinzufügen und mit Basilikum bestreut servieren.

Eingebrannte Kalbfleischsuppe

400 g Kalbsschulter
250 g Suppengrün
1–1½ l Wasser (je nach gewünschter Sämigkeit)
Salz
Pfeffer
20 g Fett
20 g Mehl
200 ml Wasser

150 ml saurer Rahm
etwas Saft und Schale einer unbehandelten Zitrone

Fleisch in Würfel schneiden, Suppengrün putzen und ebenfalls klein schneiden. Alles zusammen in 1–1½ l Wasser weich kochen, nach Belieben salzen und pfeffern. Aus Fett und Mehl eine Einbrenne herstellen, mit 200 ml Wasser ablöschen. Die Einbrenne zur Suppe hinzufügen und alles bei geringer Hitze aufkochen lassen. Die Suppe

– *Eingebrannte Kalbfleischsuppe* –

mit dem sauren Rahm, Zitronensaft und -schale abschmecken. Nach Belieben mit Butternockerln servieren (Rezept siehe Seite 30).

Krautsuppe mit Geräuchertem

1 fein geschnittene Zwiebel	
30 g Fett	
1½ l Wasser	

500 g geräuchertes Fleisch	
1 Nelke	
1 kleiner Kopf Weißkraut	
1 kleine Sellerieknolle	
1 gelbe Rübe	
1 Prise Ingwerpulver	
1 Prise Piment, Salz	

Fein geschnittene Zwiebel in heißem Fett hellgelb rösten, mit Wasser auffüllen, das Geräucherte dazugeben und mit der Nelke bei mäßiger Hitze 1 Stunde weich kochen. Inzwischen das Gemüse putzen und nudelig schneiden. Weich gekochtes Fleisch aus der Suppe nehmen, das Gemüse dafür hineingeben und ebenfalls weich kochen. Das ausgekühlte Fleisch ebenfalls klein schneiden und zurück in die Suppe geben. Ingwer und Piment hinzufügen und nach Geschmack salzen.

Russische Kohl-Suppe

1 Kopf Weißkohl

2 l kochendes Salzwasser

250 g durchgedrehtes Schweinefleisch

250 g durchgedrehtes Kalbfleisch

Salz, Pfeffer

50 g Fett

1 fein geschnittene Zwiebel

1 EL gehackte Petersilie

2 Eier

2–3 EL Weißwein

1 l Rinderbrühe

Den gewaschenen Weißkohl halbieren, mit dem kochenden Salzwasser übergießen und darin auskühlen lassen. Anschließend herausnehmen und die großen, äußeren Blätter ablösen (6 große oder 8 kleine Blätter). Inzwischen das durchgedrehte Fleisch salzen und pfeffern. Das Fett erhitzen und Zwiebel, Petersilie und Fleischmasse darin anbraten. Etwas abkühlen lassen und dann mit den Eiern vermengen. Die abgelösten Kohlblätter mit der Fleischmasse füllen, zusammenrollen und in eine Kasserolle setzen. Die restlichen, kleinen Kohlblätter fein schneiden und um die gefüllten Kohlblätter legen. Den Weißwein darüber träufeln und alles zugedeckt bei 200 °C ca. 45 Minuten im Ofen hellgelb braten. Die Kasserolle mit der Rinderbrühe aufgießen und die Suppe heiß servieren.

Kuttelfleck-Suppe

**1 roher Kuttelfleck (oder 500 g
vom Metzger gekochter)**

2 Nelken

1,1 l Rinderbrühe

1 Zwiebel

30 g Fett

30 g Mehl

1 EL fein gehackte Petersilie

1 TL Essig

Salz

1 Prise Pfeffer

3 EL saurer Rahm

**Wiener kuchlböhmische
Variante zusätzlich:**

1 Petersilienwurzel

1 gelbe Rübe

1/2 Sellerieknolle

40 g Butter

1 Zwiebel

Rohen Kuttelfleck gut reinigen, so
in leicht gesalzenes Wasser legen,
dass der Fleck ganz bedeckt ist,
und 30 Minuten kochen. Auskühlen
lassen, säuberlich abschaben, die
Ränder wegschneiden und nochmals in ungesalzenem Wasser mit
den Nelken bei mäßiger Hitze ca.
2 Stunden weich kochen. Aus dem
Wasser nehmen und in feine Streifen schneiden. (Wenn Sie den Kuttelfleck bereits gekocht kaufen,
diesen ebenfalls in feine Streifen
schneiden, sofern er nicht bereits
geschnitten ist.)
Die Kuttelstreifen in 1 l Rinderbrühe zum Kochen bringen. Inzwischen die Zwiebel fein hacken und
in erhitztem Fett hellgelb rösten.

Das Mehl darüber stäuben und
kurz mitrösten. Die Einbrenne dann
mit den verbliebenen 100 ml Rinderbrühe ablöschen und zur Kuttelsuppe gießen, gut aufkochen
lassen. Petersilie, Essig, Salz und
Pfeffer dazugeben und die Suppe
mit dem sauren Rahm verfeinern.

Wiener kuchlböhmische Variante:
In Streifen geschnittenen Kuttelfleck in 1 l Rinderbrühe zum Kochen bringen. Inzwischen das
Gemüse (Petersilienwurzel, gelbe
Rübe, Sellerieknolle) putzen, fein
schneiden und weich kochen.
Dann die Gemüsesuppe pürieren
und zur Kuttelsuppe geben. Inzwischen (wie oben beschrieben) eine
Einbrenne zubereiten, mit 100 ml
Rinderbrühe ablöschen und ebenfalls zur Kuttelsuppe gießen. Essig,
Salz und Pfeffer hinzufügen, mit
saurem Rahm verfeinern. Die Butter
erhitzen, darin die sehr fein gehackte Zwiebel hellgelb rösten und damit die fertige Suppe begießen.

Mit frischem Weißbrot servieren.

Venezianische Fastensuppe

2 gelbe Rüben

2 Petersilienwurzeln

1/2 Sellerieknolle

1 gehäufter EL Butter

1 fein geschnittene Zwiebel

etwas gehackte Petersilie

1 gehäufter EL Reis

1 l heißes Wasser

1 EL Tomatenmark

**ca. 60 g fein gebrochene
Makkaroni oder Suppen-
nudeln**

Salz

1 Prise Pfeffer

2 Eidotter

1 EL saurer Rahm

**etwas fein gehackter
Schnittlauch**

**geriebener Parmesan nach
Belieben**

Das Gemüse waschen, putzen und
in feine Streifen schneiden. Das Fett
erhitzen und die Zwiebel darin
hellgelb anrösten. Die Gemüsestrei-
fen und die Petersilie dazugeben,
gut umrühren und den gewaschenen Reis dazugeben. Mit dem
heißen Wasser aufgießen und alles
halbweich kochen. Tomatenmark,
Nudeln, Salz und Pfeffer zugeben
und alles fertig garen. Die Eidotter
mit dem sauren Rahm und dem
Schnittlauch verquirlen, in die von
der Kochstelle gezogene Suppe
rühren, nicht mehr kochen lassen.
Nach Belieben mit Parmesan servieren.

Diese Suppe ist ein deftiger, sätti-
gender Eintopf zur Fastenzeit.

– *Venezianische Fastensuppe* –

Böhmische Erdäpfelsuppe

1 kg Kartoffeln

500 g gelbe Rüben

250 g Sellerieknolle

100 g Schweineschmalz
(am besten Griebenschmalz)

150 g fein gehackte Zwiebel

2–3 EL fein geschnittene
Champignons

1–2 fein zerdrückte
Knoblauchzehen

1 EL fein geschnittenes
Selleriekraut

1 EL fein gehackte Petersilie

1 l kaltes Wasser

½ TL Salz

¼ TL gemahlener weißer
oder schwarzer Pfeffer

1 gestr. TL Majoran

¼ TL Kümmel

Das Gemüse waschen und schälen bzw. putzen. Die Kartoffeln in ca. 1½ cm große Würfel schneiden, gelbe Rüben und die Sellerieknolle in etwas kleinere. Das Schmalz erhitzen und die Zwiebeln darin hellgelb rösten. Gemüse dazugeben, ebenso Champignons, Knoblauchzehen, Selleriekraut und Petersilie und mit dem Wasser aufgießen.

Zugedeckt in ca. 30 Minuten weich kochen. Die Hälfte des Gemüses herausnehmen und beiseite stellen. Den Rest im Topf zu Brei pürieren, so dass eine sämige Suppe entsteht. Das vorher herausgenommene Gemüse wieder zur Suppe geben, mit Salz, Pfeffer, Majoran und Kümmel abschmecken und noch einmal kurz aufkochen lassen. Bei Bedarf noch etwas heißes Wasser nachgießen.

Diese Suppe mit Wurstscheiben, gekochten Schinkenwürfeln oder nur mit in Fett hellgelb gerösteten Weißbrotwürfeln servieren.

Käsesuppe

50 g Butter
50 g Mehl
1 l Wasser
1 zerdrückte Knoblauchzehe
1 TL Kümmel
100 g geriebener Parmesan
oder Emmentaler
250 ml Milch
Muskat
Pfeffer
Salz

Aus Butter und Mehl eine dunkle Einbrenne herstellen, mit 250 ml Wasser ablöschen. Knoblauchzehe und Kümmel einrühren und 10 Minuten bei geringer Hitze zugedeckt kochen. Mit dem restlichen Wasser aufgießen. Den Käse mit der Milch in einer Suppenschüssel vermischen, heiße Suppe darauf gießen und je nach Belieben mit Muskat, Pfeffer und Salz abschmecken.

Weichselsuppe

Foto

500 g Weichseln
(Sauerkirschen)
1 l Wasser
1 geräucherte Speckschwarte
Salz
2 gestr. EL Zucker
1 Nelke
1 Msp. Zimt
30 g Mehl
2 EL Rotwein
3 EL saurer Rahm
Semmelwürfel nach Belieben

Die Weichseln entsteinen. Wasser mit Speckschwarte zum Kochen bringen und etwas salzen. Zucker, Nelke und Zimt hinzufügen. Die Weichseln dazugeben und alles bei mäßiger Hitze ca. 10 Minuten köcheln lassen. Mehl mit Wein und saurem Rahm gut verrühren, in die Suppe geben und aufkochen lassen. Die Schwarte entfernen, nach Belieben nochmals mit etwas Salz und Zucker abschmecken. Die Semmelwürfel hellbraun rösten, Weichselsuppe in Teller verteilen und mit Semmelwürfeln darauf servieren.

Suppeneinlagen

Erdäpfelbällchen

500 g mehlig kochende Kartoffeln

20 g weiche Butter

1 kleines Ei

1 Prise Salz

1 EL gehackte Petersilie

1 TL Liebstöckel

Fett für das Backblech

Die Kartoffeln kochen, schälen, passieren und auskühlen lassen. Butter, Ei, Salz, Petersilie und Liebstöckel dazumengen. Mit einem Löffel kleine Häufchen formen oder mit einem Spritzbeutel kleine Bällchen spritzen und diese auf das gut gefettete Backblech setzen. Im vorgeheizten Ofen bei 200 °C in ca. 15 Minuten hellgelb backen.

Die Erdäpfelbällchen passen gut zu Fleischbrühe oder Tomatensuppe.

Lebernockerl

30 g Fett
1 fein gehackte Zwiebel
2 altbackene Semmeln
etwas Milch zum Einweichen
100 g durchgedrehte
Rinderleber
2 Eier
1 EL gehackte Petersilie

1 zerdrückte Knoblauchzehe
1 Prise Majoran
1 Prise Pfeffer, etwas Salz
1 EL Mehl

Das Fett erhitzen und die Zwiebel darin hellgelb rösten. Die Semmel in der Milch einweichen, gut ausdrücken und mit Leber, Eiern, Petersilie, Knoblauch, Gewürzen, Mehl und den abgekühlten Zwiebeln gut vermengen. Mit Hilfe von zwei Teelöffeln kleine Nockerl formen und in eine heiße Rinderbrühe geben und bei geringer Hitze köcheln lassen, bis sie aufsteigen.

Wünscht man *Leberreis,* drückt man die Masse durch ein grobmaschiges Sieb oder benutzt einen Spätzleseiher.

Kalbfleisch-knödelchen

1 Semmel
70 ml Milch
1 Zwiebel
1 EL Schmalz
150 g fein durchgedrehtes Kalbfleisch
½ fein gehackte Sardelle
1 Ei
1 EL fein gehackte Petersilie
Salz
1 Prise Pfeffer
1 Prise abgeriebene Schale einer unbehandelten Zitrone
1 gestr. EL Mehl
1 l Rinderbrühe oder Bouillon

Die Semmel in Milch einweichen und anschließend gut ausdrücken. Die Zwiebel klein schneiden und in dem Schmalz andünsten. Das Kalbfleisch hineinrühren, dann Semmel, Sardelle, Ei, Petersilie, Salz, Pfeffer und Zitronenschale. Das Mehl darüber sieben und alles gut vermengen. Sofort Knödelchen drehen oder mit zwei Teelöffeln formen. In die kochende Brühe einlegen. Bei geringer Hitze köcheln lassen, bis sie aufsteigen.

Hirnroulade

Foto

3 Eiklar
5 Eidotter
100 g Mehl
Fett und Mehl für das Backblech
1 Kalbshirn
50 g Fett
1 EL fein gehackte Petersilie
Salz
1 Prise weißer Pfeffer

Die Eiklar zu steifem Schnee schlagen. Eidotter mit dem Mehl glatt rühren und den steifen Eischnee unterheben. Das Backblech ausfetten und bemehlen. Die Eiermasse gleichmäßig darauf verteilen. Im vorgeheizten Ofen bei 200 °C 5 Minuten backen. Das Hirn gut reinigen und klein schneiden. Das Fett erhitzen, das Hirn mit der gehackten Petersilie hineingeben und anrösten, danach etwas salzen und pfeffern. Die Hirnmasse auf die halbfertig gebackene Roulade streichen. Vorsichtig zusammenrollen und für weitere 20 Minuten im Ofen backen. Danach in Scheiben schneiden und in einer guten Rinderbrühe servieren.

Butternockerl

50 g weiche Butter
Salz
1 Ei, getrennt
40 g Mehl

Die Butter schaumig rühren, danach Salz und Eidotter dazugeben und glatt rühren. Das Mehl dazusieben und zuletzt das steif geschlagene Eiklar unterheben. Mit zwei Teelöffeln kleine, gleichmäßige Nockerl formen und in die kochende Brühe einlegen. Die Nockerl aufsteigen und anschließend 2–3 Minuten ziehen lassen.

Besonders delikat schmecken die Butternockerl in Tomatensuppe.

Kaiserschöberl

Foto

50–60 g Butter
3 Eier, getrennt
1 Prise Salz
3 gestr. EL Mehl
etwas Milch
Fett für die Backform

Die Butter schaumig rühren, einzeln die Eidotter dazurühren. Salz, Mehl und so viel Milch dazurühren, dass ein dicklicher Teig entsteht. Zuletzt die steif geschlagenen Eiklar unterheben.
Eine feuerfeste Form oder ein Backblech ausfetten, den Teig etwa fingerdick darin ausstreichen und im vorgeheizten Ofen bei 200 ℃ ca. 10 Minuten backen.
In Würfel schneiden und die Kaiserschöberl in einer Rinderbrühe servieren.

– Pilzroulade/Rezept S. 34 –

Vorspeisen

Kartoffelkrapfen

500 g mehlig kochende Kartoffeln, gekocht und durchgedrückt

250 g Mehl

2 Eidotter

Salz

Fett zum Ausbacken

Parmesan zum Bestreuen

Für die Füllung:

250 g gekochter durchgedrehter Schinken

3 EL Schmand

Kartoffeln mit Mehl, Eidottern und etwas Salz auf einem Brett gut verkneten. Sollte der Teig noch klebrig sein, zusätzlich etwas Mehl unterkneten. Für die Füllung die Schinkenmasse mit dem Schmand vermengen. Den Teig 1 cm dick auswalken. Mit einem bemehlten Krapfenmodel ausstechen, die Hälfte davon mit je 1 Teelöffel Füllung belegen. Je einen unbelegten Krapfen darauf legen und die Ränder etwas andrücken. Evtl. mit einem etwas kleineren Krapfenmodel nochmals ausstechen, damit die Ränder zusammenkleben. Die Kartoffelkrapfen in reichlich heißem

Fett von beiden Seiten goldgelb ausbacken. Zum Abtropfen auf ein Küchenpapier legen und sogleich gut mit Parmesan bestreuen.

Noch heiß serviert sind die Kartoffelkrapfen eine feine Vorspeise.

Gebackene Käsekrapfen

150 g Mehl
½ l Milch
35 g weiche Butter
75 g geriebener Parmesan
Salz
1 Prise Paprika, edelsüß
1 Prise Muskat
4 Eidotter
70 g Emmentaler
1 Ei
Semmelbrösel
Fett zum Ausbacken

In einem Topf das Mehl mit der Milch zu einem glatten Teigerl verrühren. Butter, Parmesan, Salz, Paprika und Muskat dazugeben. Den Topf auf die Kochstelle setzen und die Masse unter Rühren aufkochen und dann wieder abkühlen lassen. Die Eidotter einrühren, den Topf nochmals auf die Kochstelle setzen und einmal kurz aufwallen lassen. Den klein gewürfelten Emmentaler in die heiße, cremige Masse rühren. Ein Backblech mit Backpapier auslegen, die Masse gleichmäßig ausstreichen und auskühlen lassen.

Danach mit einem Krapfenstecher Krapfen ausstechen und nacheinander in dem verquirlten Ei und Semmelbrösel wenden. Die Krapfen in reichlich heißem Fett von beiden Seiten goldgelb ausbacken. Noch heiß servieren.

Die Käsekrapfen schmecken sehr fein und eignen sich gut als Vorspeise, wenn Gäste kommen.

Pilzroulade

Foto

35 g Butter
½ fein gehackte Zwiebel
40 g Pilze (Champignons oder Steinpilze), in feine Scheiben geschnitten

1½ EL Mehl
1 EL fein gehackte Petersilie
Salz
Pfeffer
125 ml Milch
6 Eier, getrennt
1 Ei
Fett für das Backblech

Die Butter erhitzen, bis sie schäumt, dann die Zwiebel und die Pilze zugeben. Alles ca. 5 Minuten dünsten, danach mit dem Mehl bestäuben. Petersilie, Salz und Pfeffer dazugeben und alles mit der Milch ablöschen. Immer wieder umrühren und zu einem dicken Brei kochen. Anschließend auskühlen lassen und nacheinander die Eidotter und 1 ganzes Ei dazurühren. Zuletzt die steif geschlagenen Eiklar unterheben. Ein Backblech gut ausfetten, die Pilzmasse gleichmäßig darauf ausstreichen und im vorgeheizten Ofen bei 190 °C in ca. 30 Minuten hellgelb backen. Die fertige Roulade auf ein Pergamentpapier gleiten lassen und vorsichtig zusammenrollen. Noch warm in gleichmäßige Scheiben schneiden und auf einer Platte anrichten.

Biskuitroulade mit Hirnfüllung

Für den Biskuit:

6 Eier, getrennt

1 Prise Salz

120 g Mehl

Für die Füllung:

1 Hirn vom Schwein

20 g Fett

1 kleine fein geschnittene Zwiebel

Salz

Pfeffer

1 EL fein gehackte Petersilie

3 Eidotter

100 g Schmand

50 g Reibekäse

Für die Füllung das Hirn kurz heiß überbrühen, von den Häuten befreien und klein schneiden. Inzwischen für den Biskuit die Eiklar mit Salz zu steifem Schnee schlagen. Nacheinander die Eidotter hineinschlagen und vorsichtig untermengen, damit der Eischnee nicht bricht. Auf die Eimasse das Mehl

sieben und ebenfalls vorsichtig unterheben. Ein Backblech mit Backpapier auslegen, den Biskuit gleichmäßig darauf ausstreichen und im vorgeheizten Ofen bei 200 °C in 12–15 Minuten hellgelb backen.

Inzwischen das Fett erhitzen und die Zwiebel darin glasig dünsten. Das zerkleinerte Hirn dazumengen, salzen und pfeffern. Die Petersilie dazugeben und alles zugedeckt bei schwacher Hitze dünsten lassen, bis die Flüssigkeit verdampft

ist. Schnell die Eidotter und den Schmand dazurühren und warm halten.

Ein entsprechend großes Küchentuch mit dem Reibekäse bestreuen, den fertigen Biskuit darauf gleiten lassen. Dann die Füllung gleichmäßig aufstreichen, die Roulade aufrollen und noch warm servieren.

Pilz-Palatschinken

Für die Palatschinken:

100 ml Milch

4 EL Mehl

1 Prise Salz

2 Eier, getrennt

40 g Fett zum Ausbacken

Für die Füllung:

30 g Fett oder Butter

1 kleine fein gehackte Zwiebel

100 g fein gehackte Champignons

1 EL gehackte Petersilie

Salz

Pfeffer

2–3 EL Schmand

Für die Palatschinken Milch, Mehl, Salz und Eidotter gut verrühren. Die steif geschlagenen Eiklar unterheben.

Für die Füllung das Fett erhitzen und die Zwiebeln darin glasig dünsten. Champignons, Petersilie, Salz und Pfeffer dazugeben, gut umrühren und alles zugedeckt ca. 10 Minuten dämpfen. Danach den Deckel abnehmen und die Flüssigkeit verdampfen lassen. Zum Schluss den Schmand einrühren.

20 g Fett in einer Pfanne erhitzen, aus der Hälfte des Teiges einen Fladen ähnlich wie ein Palatschinken backen. Vorsichtig wenden, damit er nicht bricht. Mit der anderen Teighälfte ebenso verfahren. Einen Fladen dann auf eine feuerfeste runde Platte legen, die Pilzfüllung gleichmäßig darauf verteilen und den zweiten Fladen darauf legen. Im vorgeheizten Ofen bei 180 °C nochmals ca. 8 Minuten erhitzen. Auf der Platte heiß servieren.

Schinkenkipferl

Für den Teig:
250 g Mehl
250 g Butter (oder Margarine)
250 g Topfen

Für die Füllung:
**250 g gekochter durch-
gedrehter Schinken (oder
geselchtes/geräuchertes
Fleisch)**
4 EL Schmand

Mehl zum Auswalken
1 Ei zum Bestreichen

Für den Teig das Mehl auf ein Arbeitsbrett sieben und mit Butter
und Topfen zu einem glatten Teig
verarbeiten. Alle Zutaten sollten in
etwa Raumtemperatur haben,
damit sie sich leichter verarbeiten
lassen. Den Topfen vorher durch
ein Sieb gut abtropfen lassen, falls
er zu nass ist. Den Teig in Folie
packen und über Nacht im Kühlschrank ruhen lassen.
Am nächsten Tag für die Füllung
den Schinken mit dem Schmand
verrühren. Den Teig auf einem bemehlten Arbeitsbrett gut messer-
rückendick ausrollen und Kreise
von ca. 8 cm Durchmesser ausstechen.
In die Mitte jedes Kreises einen ge-
häuften Teelöffel Schinkenfüllung
geben, dann zusammenklappen, so
dass Halbmonde bzw. Kipferl ent-
stehen. Die Ränder mit einer Gabel
etwas andrücken. Die Kipferl mit
dem verquirlten Ei bestreichen und

im vorgeheizten Ofen bei 190 °C in
25–30 Minuten hellgelb backen.
Schinkenkipferl sind eine besonders schmackhafte Vorspeise bei

einem Büffet oder eigenen sich
hervorragend als kleines Gericht
zusammen mit einem frischen
grünen Salat.

Lungentaschen

Für den Nudelteig:

250 g Mehl

2 Eier, Salz

Für die Füllung:

250 g Schweine- oder

Kalbslunge

30 g Fett

1 kleine fein gehackte Zwiebel

2 Eidotter, Salz

weißer Pfeffer nach Belieben

½ TL abgeriebene Schale

einer unbehandelten Zitrone

1 EL Weißwein

1 l Fleischbrühe

Aus Mehl, Eiern und Salz ohne Wasserzugabe einen Nudelteig kneten. Den Teig gut und schnell durchwalken. Anschließend bei Zimmertemperatur 30 Minuten ruhen lassen.

Die Lunge säubern, 30 Minuten kochen. Durch den Fleischwolf drehen und beiseite stellen.

Inzwischen für die Füllung das Fett erhitzen, die Zwiebel darin glasig dünsten. Die Lungenmasse dazugeben, gut vermischen und zugedeckt einige Minuten durchdünsten. Von der Herdplatte nehmen und etwas abkühlen lassen. Dann mit Eidottern, Salz, Pfeffer, Zitronenschale und Wein gut vermengen.

Den Nudelteig in zwei Hälften teilen und zwei sehr dünne, gleich große Rechtecke auswalken.

Auf eine Teigplatte die gesamte Füllung streichen, die andere Teigplatte darüber legen und etwa 3 x 3 cm große Quadrate abdrücken. Entlang der Markierungen mit dem Teigrädchen ausschneiden, die Ränder ringsherum fest andrücken, damit die Füllung nicht herausläuft. Die Taschen in die kochende Fleischbrühe einlegen und bei geringer Hitze so lange köcheln lassen, bis sie aufsteigen.

Risolen

Für die Risolen:

280 g Mehl
140 g Butter
2 Eidotter
2 Eier, getrennt
50 g Schmand
Salz
1 EL Weißwein
½ EL Zitronensaft
1 Ei zum Bestreichen
Fett zum Ausbacken

Für die Füllung:

250 g Kalbhackfleisch
250 g Rinderhackfleisch
50 g Fett
1 fein gehackte Zwiebel
30 g Fett
30 g Mehl
250 ml Rinderbrühe
Saft und abgeriebene Schale von ½ unbehandelten Zitrone
125 ml Weißwein
Salz, Pfeffer, etwas Muskat
3 Eier

Für die Risolen das Mehl mit der Butter, 4 Eidotter, 2 steif geschlagenen Eiklar und den übrigen Zutaten zu einem glatten Teig verarbeiten. In Folie wickeln und 1 Stunde im Kühlschrank ruhen lassen. Inzwischen für die Füllung das Fett erhitzen, die Zwiebel darin hellgelb rösten. Das Hackfleisch dazugeben und gut anbraten. Aus Fett und Mehl eine Einbrenne zubereiten, mit der Rinderbrühe aufgießen und aufkochen lassen. Mit Zitronensaft und -schale, Wein, Salz, Pfeffer und

Muskat zur Fleischmasse geben. Alles gut aufkochen lassen, vom Herd ziehen und sofort die verquirlten Eier hineinrühren. Nicht mehr kochen, nur stocken lassen. Den Teig dünn auswalken, zusammenschlagen und weitere 15 Minuten im Kühlschrank ruhen lassen. Diesen Vorgang zweimal wiederholen. Schließlich den Teig ganz auswalken und mit dem Küchenrädchen in 4 x 10 cm große Streifen schneiden. Bei der Hälfte der Streifen längs in die Mitte die Füllung verteilen, einen anderen Streifen darüber legen und die Ränder fest zusammendrücken. Mit dem verquirlten Ei bestreichen und in reichlich heißem Fett von beiden Seiten goldgelb ausbacken.

Fleischgerichte

Würzfleisch

| 1 kg Ochsenfleisch |
| Salz |
| Pfeffer |
| Mehl zum Wenden |
| Fett zum Braten |
| 1 große Zwiebel |
| 1 Lorbeerblatt |
| 2 Nelken |
| 1 TL Pfefferkörner |
| 1 TL Paprika, edelsüß |
| ½ l kochendes Wasser |
| 100 g saurer Rahm |
| 1 EL Mehl |
| 2 EL Madeira |

Das Fleisch in fingerdicke Scheiben schneiden, salzen und pfeffern. In Mehl wenden, in heißem Fett von beiden Seiten gut anbraten. Fleisch aus der Pfanne nehmen und im verbliebenen Fett die fein gehackte Zwiebel rösten. Das Fleisch, Lorbeerblatt, Nelken, Pfefferkörner und Paprika dazugeben. Mit dem kochenden Wasser übergießen und zugedeckt in ca. 1½ Stunden weich schmoren. Sauren Rahm mit dem Mehl verrühren, zusammen mit Madeira zum Fleisch geben. Nach Belieben mit Salz abschmecken.

Würzfleisch schmeckt am besten mit Reis und einem frischen grünen Salat.

Gedämpftes Rinderfilet

1 kg Rinderfilet
50 g Fett
1 Zwiebel
1 Petersilienwurzel
Salz
Semmelbrösel
1 gelbe Rübe
15 Pfefferkörner

Haut und Sehniges vom Fleisch entfernen. Das Fett erhitzen und darin die in kleine Würfel geschnittene Zwiebel zusammen mit der in dünne Scheiben geschnittenen Petersilienwurzel andünsten. Das Fleisch in Semmelbrösel wenden und dazugeben. Danach die in Scheiben geschnittene gelbe Rübe, die Pfefferkörner und etwas Salz untermischen. Alles 30 Minuten zugedeckt dämpfen, ab und zu etwas Wasser angießen. Das Filet in Scheiben schneiden und servieren.

Als Beilagen passen gemischtes Gemüse oder Meerrettichsoße.

Lungenbraten auf böhmische Art

1 kg Rinderbraten

Für die Essigbeize:
1/2 l Essig, 1/2 l Wasser
1 gelbe Rübe
1 Petersilienwurzel
1/2 Sellerieknolle
1 Zwiebel
1 Knoblauchzehe
Salz

Für den Braten:
100 g weißer Speck
50 g Fett
1 Lorbeerblatt
6 Wacholderbeeren
100 g Schmand
1 EL Mehl
abgeriebene Schale von
1/2 unbehandelten Zitrone
Salz
Pfeffer
50 g gebräunte Butter

Für die Beize Essig und Wasser mit dem geputzten und grob geschnittenen Gemüse und etwas Salz kurz aufkochen und dann abkühlen lassen. Das Fleisch mit dem in Streifen geschnittenen Speck spicken und 2 Tage in die Beize einlegen.

Das Fleisch aus der Beize nehmen, abtrocknen und in dem erhitzten Fett rundherum gut anbraten. Etwas Beize angießen, das Gemüse dazugeben, ebenso Lorbeerblatt und Wacholderbeeren. Das Fleisch weich dünsten, dabei immer wieder kleine Mengen Beize angießen. Dann den Braten herausnehmen, den Rest passieren und nochmals erhitzen. Den Schmand mit dem Mehl verrühren und die Soße damit binden. Zitronenschale dazugeben, salzen und pfeffern. Den fertigen Braten mit der gebräunten Butter übergießen.

Den böhmischen Lungenbraten servieren Sie am besten mit Knödeln und Soße, Selleriesalat und Preiselbeeren.

Kalbsschnitzel mit Schinken

Foto S. 44

6 schöne Kalbsschnitzel
Salz
6 Scheiben gekochter
Schinken
100 g Fett
Mehl zum Bestäuben
200 ml Wasser
100 g saurer Rahm
Pfeffer
Zahnstocher

Schnitzel gleichmäßig klopfen. Eine Seite salzen, die andere mit je einer Schinkenscheibe belegen. Die Schnitzel aufrollen, mit Zahnstochern feststecken und im heißen Fett von allen Seiten hellbraun braten. Schnitzel herausnehmen und warm stellen. Den Bratensaft mit Mehl bestäuben und mit dem Wasser aufgießen. Aufkochen lassen, sauren Rahm und Pfeffer einrühren. Die Soße über die Schnitzel gießen.

Die Kalbsschnitzel mit Kartoffelbrei und Salat servieren.

– Schwalbennester/Rezept S. 45 –

– *Kalbsschnitzel mit Schinken/Rezept S. 42* –

Schwalbennester

Foto S. 43

8–10 schöne Kalbsschnitzel

**8–10 dünne Scheiben durch-
wachsener Räucherspeck**

8–10 hart gekochte Eier

50 g Fett

125 ml Fleischbrühe

100 ml Schmand

Pfeffer

Zahnstocher

Schnitzel gleichmäßig klopfen. Jeweils mit 1 Scheibe Speck belegen,
je 1 ganzes Ei darauf legen und
das Schnitzel aufrollen, mit Zahnstochern feststecken. Das Fett erhitzen, die Schnitzel darin von allen
Seiten gut anbraten, Brühe zugießen und zugedeckt weich dünsten.
Zuletzt den Schmand darüber
gießen, nach Belieben pfeffern.

Zu den warmen Schwalbennestern
passen Kartoffelbrei und ein frischer grüner Salat. Kalte Schwalbennester halbieren und mit
Mayonnaise servieren – ein Augen-
und Gaumenschmaus für jedes
kalte Buffet! (siehe Foto S. 43)

Schnitzel Villeroy *Foto*

4 schöne Kalbsschnitzel

Salz

Fett zum Braten

40 g Butter

40 g Mehl

etwas Brühe (oder Wasser)

1 Eidotter

etwas Zitronensaft

30 g Parmesan

**Mehl, Ei und Semmelbrösel
zum Panieren**

Fett zum Ausbacken

Schnitzel klopfen, salzen und
schnell in heißem Fett braten, beiseite stellen.
Aus Butter und Mehl eine Einbrenne zubereiten und mit so viel
Brühe (oder Wasser) ablöschen,
dass eine dicke Soße entsteht. Eidotter, Zitronensaft, Parmesan und
etwas Salz hineinrühren. Schnitzel
mit der Soße überziehen und auskühlen lassen. Dann wie Wiener
Schnitzel panieren, d.h. nacheinander in Mehl, Ei und Bröseln wenden. In reichlich heißem Fett goldgelb ausbacken.

Zu den Schnitzeln Villeroy schmecken einfach kleine Petersilienkartoffeln und verschiedene Salate.

Sedam-Kalbsnieren

3–4 Kalbsnieren
½ l Fleischbrühe
Salz, Pfeffer
Mehl zum Panieren
1–2 Eier, Semmelbrösel
Fett zum Ausbacken

Die Nieren waschen und alles Fett entfernen, in der Fleischbrühe weich kochen. In 3–4 mm dicke Scheiben schneiden, salzen und pfeffern. Die Scheiben nacheinander in dem Mehl, den verquirlten Eiern und den Semmelbröseln wenden.

In heißem Fett von beiden Seiten hellgelb ausbacken.

Zu den panierten Kalbsnieren passen am besten Kartoffelbrei und Rote-Rüben-Salat.

Gehackte Kalbskoteletts

500 g Kalbfleisch
Salz, Pfeffer
abgeriebene Schale von
¼ unbehandelter Zitrone
1 EL gehackte Petersilie
1–2 Eier
Semmelbrösel nach Bedarf
Fett zum Ausbacken

Das Kalbfleisch in Stücke schneiden, gut klopfen und dann fein hacken. Mit Salz, Pfeffer, Zitronenschale und Petersilie vermischen. Gleichmäßige Koteletts formen, diese nacheinander in den verquirlten Eiern und den Semmelbröseln wenden. Das Fett erhitzen, die Koteletts hineingeben und von beiden Seiten hellgelb ausbacken.

Zu den Kalbskoteletts schmecken junge Erbsen.

Kalbsfaschiertes mit Reis

500 g Kalbfleisch
50 g Butter
1 große Zwiebel
Salz, Pfeffer
1 EL gehackte Petersilie
1½ l Rinderbrühe
2 EL Semmelbrösel
4 Sardellen
abgeriebene Schale von
½ unbehandelten Zitrone
500 g Reis, 2 Eier
Butter für die Form

Das Fleisch klein würfeln. Die Butter erhitzen und die fein geschnittene Zwiebel darin hellgelb anrösten. Dann die Fleischwürfel zugeben, etwas salzen, pfeffern und die Petersilie untermischen. Gut umrühren und ca. 3 Minuten dünsten, bis das Ganze Saft zieht. ½ l Rinderbrühe einrühren und das Fleisch weich dünsten. Semmelbrösel, ganz fein gehackte Sardellen und Zitronenschale dazugeben. Gleichzeitig den Reis in 1 l Rinderbrühe fast weich kochen und auskühlen lassen. Die Eier in den Reis rühren, nach Belieben salzen. Eine Kasserolle gut einbuttern, die Hälfte vom Reis hineingeben und glatt streichen. Darauf das Fleisch mit Saft geben und den restlichen Reis glatt streichen. Zugedeckt

im vorgeheizten Ofen bei 200 °C ca. 15 Minuten überbacken.

Das Kalbsfaschierte in der Kasserolle mit einer Pilzsoße servieren.

Kalbszunge polnisch

2 Kalbszungen
50 g Fett
50 g Mehl
250 ml Rotwein
50 g geschälte und gehackte Mandeln
50 g Rosinen
etwas abgeriebene Schale von einer unbehandelten Zitrone
1 Schuss Weinessig
1 Prise Zucker

– Geselchtes mit Reis/Rezept S. 52 –

Die Zungen säubern, in Salzwasser weich kochen. Von den Häuten befreien und etwas ausgekühlt in fingerdicke Scheiben schneiden. Aus Fett und Mehl eine goldgelbe Einbrenne zubereiten, mit Wein und etwas Zungensud ablöschen. Mandeln, Rosinen, Zitronenschale, Weinessig und Zucker zugeben und kurz aufkochen. Die Soße über die Zungenscheiben gießen.

Zur polnischen Kalbszunge schmecken breite Nudeln oder Makkaroni.

Gefülltes Kalbsherz

1 Kalbsherz
50 g durchwachsener Räucherspeck
100 g rohe Bratwurst
abgeriebene Schale von ¼ unbehandelten Zitrone
Salz
Pfeffer
4 Wacholderbeeren
50 g Fett
1 fein gehackte Zwiebel
Mehl zum Bestäuben
2 EL saurer Rahm
Küchengarn und Nadel

Das Kalbsherz oben einige Male einschneiden. Speck und Bratwurst fein hacken, mit Zitronenschale, Salz, Pfeffer und Wacholderbeeren vermengen und durch die Einschnitte in das Kalbsherz füllen. Die Einschnitte mit Küchengarn zunähen. Das Fett erhitzen und die

Zwiebel darin glasig dünsten. Das Herz dazugeben, etwas Wasser angießen und zugedeckt ca. 30 Minuten schmoren lassen. Mit Mehl bestäuben, noch etwas Wasser zugießen und unter Rühren aufkochen lassen. Abschmecken und mit dem sauren Rahm verfeinern.

Zu dem gefüllten Kalbsherz passen sehr gut Pfefferreis und Essiggurken.

Gefüllte Paprika auf böhmische Art

1 Zwiebel
30 g Fett
3 altbackene Semmeln
250 g Schweinehackfleisch
100 g durchwachsener Räucherspeck
Saft und abgeriebene Schale von ½ unbehandelten Zitrone
1 Msp. Majoran
1 Prise Kümmel
1 Prise Paprika, edelsüß
Salz
2 Knoblauchzehen
1 Ei
6 große Paprikaschoten
50 g Fett

Für die Tomatensoße:
½ l Tomatensaft
1 große Zwiebel
1 EL Essig
½ TL Salz
1 TL Zucker
100 ml Milch
1 EL Mehl

Zwiebel fein hacken und in heißem Fett hellgelb rösten. Semmeln in etwas Wasser einweichen, ausdrücken und zum Hackfleisch und dem klein gewürfelten Speck mengen. Die Masse würzen, geröstete Zwiebeln, durchgepresste Knoblauchzehen und Ei dazumischen. Für die Tomatensoße den Tomatensaft mit der fein gehackten Zwiebel, Essig, Salz und Zucker so lange kochen, bis die Zwiebel weich ist. Dann passieren. Milch mit Mehl zu einem dickflüssigen Teigerl verrühren und zur Tomatensoße geben, aufkochen lassen. Inzwischen die Paprikaschoten waschen, entstielen und einen Deckel abschneiden. Die Paprika mit kochendem Wasser überbrühen, abtropfen lassen und mit der Fleischmasse füllen. Deckel darauf setzen. Das Fett erhitzen und die Paprika darin von allen Seiten anbraten. Paprika in die Tomatensoße setzen und fertig garen.

Zu den gefüllten Paprika schmecken Reis oder Knödel.

Rouladen mit Ei-Hackfleisch-Füllung

2 große Rouladen	1 EL Mehl
Pfeffer	100 ml saurer Rahm
6 hart gekochte Eier	
100 g durchwachsener	Für die Füllung:
Räucherspeck, in Scheiben	500 g Schweinehackfleisch
Salz	2 altbackene Semmeln

30 g Butter

1 große Zwiebel

fein gehackte Petersilie

Salz, Pfeffer

2 Eier

Rouladenklammern oder Küchengarn

Die Rouladen gleichmäßig klopfen und pfeffern, nicht salzen.

Für die Füllung das Hackfleisch mit den in Wasser eingeweichten, ausgedrückten Semmeln, der fein gehackten, in Fett gerösteten Zwiebel, Petersilie, Salz, Pfeffer und den Eiern gut vermengen.

Die Füllung auf den Rouladen verteilen und zusammen mit den hart gekochten Eiern vorsichtig längs zusammenrollen und zuklammern oder mit Küchengarn umwickeln.

Den Speck in fingerlange Streifen schneiden, knusprig anbraten und die Roulade dazulegen. Gut anbraten, dann wenden. Die Speckstreifen auf die Roulade legen, etwas salzen und mit etwas Wasser aufgießen. Zugedeckt ca. 45 Minuten weich dünsten. Dann die Roulade auf eine vorgewärmte Platte geben. Den Bratensaft mit Mehl binden, mit etwas Wasser und dem sauren Rahm aufkochen lassen. Die Roulade in Scheiben schneiden, etwas Soße außen herum gießen, möglichst nicht auf die Eier. Die übrige Soße getrennt dazu servieren.

– Böhmisches Bierfleisch/Rezept S. 51 –

Dazu schmecken am besten Kartoffelbrei und Rote-Rüben-Salat oder feines Kürbisgemüse mit Dill. Auch kalt sind die Rouladenscheiben mit Mayonnaise serviert eine Delikatesse.

Böhmisches Bierfleisch

Foto S. 50

600 g nicht zu fettes Schweinefleisch (Schulter)
1 EL Paprika, edelsüß
100 g Schweineschmalz
300 g fein gehackte Zwiebeln
1 TL Kümmel
½ l Pils (oder helles Bier)
3 EL trockenes geriebenes Schwarzbrot
Salz
½ TL schwarzer Pfeffer

Das Fleisch in ca. 3 x 3cm große Würfel schneiden und in Paprikapulver wälzen. Das Schweineschmalz erhitzen und die Zwiebeln darin hellgelb rösten, nicht anbrennen lassen. Die Fleischwürfel dazugeben, ca. 5 Minuten von allen Seiten kurz anbraten. Kümmel und die Hälfte von dem Bier einrühren und alles zugedeckt bei mäßiger Hitze ca. 45 Minuten köcheln lassen. Dann die Schwarzbrotbrösel und das restliche Bier dazugeben, weitere 15 Minuten offen köcheln lassen. Wenn der Saft dick und braun und das Fleisch weich ist, mit Salz und Pfeffer würzen.

– Gefüllter Schweinebauch/Rezept S. 52 –

Gefüllter Schweine-bauch

Foto S. 51

1 Schweinebauch
Salz, Pfeffer
pro Kilo Schweinebauch 250 g
Schweinehackfleisch, gemischt
mit etwas Rinderhackfleisch
(oder Bratwurstbrät)
1 Ei
1 altbackene Semmel, ein-
geweicht in etwas Milch
etwas gehackte Petersilie
1 Zwiebel
einige Nelken
Schmalz zum Anbraten
½ l kochendes Wasser
Mehl zum Binden
50 g saurer Rahm
Küchengarn

In den Schweinebauch eine Tasche
einschneiden (am besten vom
Metzger vorbereiten lassen). Die
Schwarte einritzen, innen gut
salzen und pfeffern. Hackfleisch, Ei,
ausgedrückte Semmel, Petersilie
und fein gehackte Zwiebel gut miteinander vermengen, pfeffern und
salzen, in die Bauchtasche füllen
und mit Küchengarn zunähen. In
die eingeritzte Schwarte Gewürz-
nelken stecken. Den Schweinebauch in dem heißem Schmalz
rundherum braun anbraten, mit
dem kochenden Wasser übergießen und zugedeckt ca. 90 Minuten
bei mittlerer Hitze dünsten. (Sie
können den Schweinebauch auch
bei 220 °C in der gleichen Zeit im
Ofen zubereiten.) Den fertigen
Schweinebauch auf ein Brett legen,
in gleichmäßige Scheiben schneiden. Den Bratensaft mit dem mit
etwas Mehl verrührten sauren
Rahm binden. Zum Servieren die
Bauchscheiben mit der Soße begießen.

Servieren Sie den gefüllten Schweinebauch zum Beispiel mit Kartof-
felknödeln und Rotkraut.

Schweinesülze

½ Schweinskopf
2 Schweinefüße
1 Schweineschwanzerl
3 Schweineschwarten
(je etwa 100g)
3 EL Essig
Salz
Pfefferkörner
2 Lorbeerblätter
1 große Zwiebel
Thymian
1 gelbe Rübe
1 Petersilienwurzel
½ Sellerieknolle
2 Knoblauchzehen
abgeriebene Schale von
½ unbehandelten Zitrone

Außerdem:
Öl für die Form
Essiggurken und hart
gekochte Eier nach Belieben
krause Petersilie und
Zitronenscheiben zum
Servieren

Die angegebenen Zutaten in einen
großen Topf legen und so viel Wasser (ca. 5 l) zugeben, dass alles ge-
rade bedeckt ist. Zum Kochen bringen und 2½–3 Stunden ruhig
köcheln lassen, bis sich das Fleisch
leicht vom Knochen löst. Die Flüssigkeit abseihen, das Fleisch in
gleichmäßige Scheiben schneiden
und in eine passende, geölte Form
schichten. Die gelbe Rübe in Scheiben schneiden und gleichmäßig
über dem Fleisch verteilen. Nach
Belieben ebenso Essiggurken
und hart gekochte Eier in Scheiben
darauf legen. Zuletzt die Brühe darüber gießen, bis alles gut bedeckt
ist, und gut stocken lassen.
Die Sülze mit krauser Petersilie
und Zitronenscheiben garniert
servieren.

Geselchtes mit Reis

Foto S. 47

250 g Milchreis
200–250 ml Rahm
6 Eidotter
50 g Butter
200 g Pilze (Champignons
oder Steinpilze)
Salz
1 Prise Muskat
250 g mageres, geselchtes
(geräuchertes) und gekochtes
Fleisch
Butter für die Form

Den Milchreis in den kochenden
Rahm geben, vorsichtig weich kochen und auskühlen lassen. Danach die Eidotter einrühren. Die
Butter erhitzen und die feinblättrig
geschnittene Pilze in ca. 10 Minuten weich dünsten. Salzen und mit
Muskat würzen, das in kleine Wür-

fel geschnittene Geselchte dazugeben. Eine runde feuerfeste Form aus Glas oder Steingut einfetten und abwechselnd 3 cm dick Reismischung und eine Lage Fleisch mit Pilzen einschichten. Die oberste Schicht ist Reis. Im vorgeheizten Ofen bei 200 °C ca. 20 Minuten überbacken.

Beuscherl

½ Schweinelunge
1 Schweineherz
½ Schweinemilz

200 g Schweineleber
2 Lorbeerblätter
50 g Schmalz
2 große Zwiebeln
50 g Mehl
Salz
Pfeffer
200 g Schmand
Zitronenviertel zum Servieren

Die Innereien säubern und mit den Lorbeerblättern weich kochen. Alles aus dem Topf nehmen und den Sud beiseite stellen. Die ausgekühlten Innereien in feine Streifen schneiden. Das Schmalz erhitzen und die fein geschnittenen Zwiebeln darin goldgelb rösten. Das Mehl dazugeben und leicht bräunen lassen. Dann mit dem Kochsud so viel aufgießen, dass sich ca. 1 l Soße ergibt. Die Innereienstreifen dazugeben, zwei- bis dreimal aufkochen lassen, salzen und pfeffern. Mit Schmand verfeinern. Mit Zitronenvierteln servieren.

Bei Tisch wird das Beuscherl nach Belieben mit Zitronensaft beträufelt, typischerweise schmecken dazu Mehl- oder Semmelknödel.

Fischgerichte

Stör mit Rahm und Zitrone

1 Stör (etwa 1 kg)

Salz

50 g Schinkenspeck

1 EL fein gehackte Zwiebel

1 Msp. Paprika, edelsüß

1 kleine Paprikaschote

etwas gehackte Petersilie

1 Msp. Pfeffer

Zitronensaft

6 EL saurer Rahm

Den Stör reinigen, in mehrere Stücke schneiden, leicht salzen. Den Speck in kleine Würfel schneiden und in einem ausreichend großen Topf goldgelb ausbraten. Zwiebel, Paprika, fein geschnittene Paprikaschote, Petersilie und Pfeffer dazugeben, die Fischstücke darauf setzen. Etwas Wasser angießen, Deckel aufsetzen und alles 10 Minuten kochen lassen. Dann vorsichtig die Fischstücke darunterheben, besser noch »triftern«, das heißt den Topf rütteln. In 10 Minuten bei mäßiger Hitze fertig kochen. Zuletzt mit Zitronensaft würzen und mit saurer Sahne begießen, nochmals aufkochen lassen und sofort servieren.

Reichen Sie knuspriges Weißbrot zum Störeintopf.

Gebackener Karpfen

1 kleiner Karpfen
Salz
Mehl zum Wenden
Fett zum Ausbacken

Den Karpfen schuppen und schröpfen, d. h. mit einem sehr scharfen Messer im Abstand von ½ cm Querstreifen auf beiden Seiten einschneiden. Damit werden die feinen Gräten des Rückens durchtrennt. Dann den Karpfen in Stücke teilen und dieselben am Rücken nochmals halbieren. Die Stücke salzen, in Mehl wenden und langsam auf beiden Seiten goldbraun braten.

Dazu passen Petersilienkartoffeln.

Gedämpfter Karpfen

1 Karpfen
Salz, Pfeffer
50 g Butter
2 EL gehackte Zwiebeln
1 gestr. EL Mehl
etwas fein gehackte Petersilie
etwas Saft und abgeriebene Schale einer unbehandelten Zitrone
3 Nelken
150 ml Weißwein
½ Msp. Safran
etwas Muskat
100 ml Fleischbrühe

Den geschuppten, gereinigten Karpfen in Stücke schneiden, salzen und pfeffern. In einer Bratreine Butter zerlassen, Zwiebeln und Fischstücke hineingeben und zugedeckt etwas anbraten lassen. Mit Mehl bestäuben. Petersilie, Zitronensaft und -schale, Nelken, Wein, Safran, Muskat und Fleischbrühe dazugeben. Während des Dämpfens den Fisch öfters mit dem eigenen Saft begießen. Nach ca. 30 Minuten die Fischstücke herausnehmen und auf einer vorgewärmten Platte anrichten. Die Soße durch ein Sieb darüber gießen.

Gefüllter Karpfen

Foto

1 großer Karpfen (etwa 2 kg)
Salz
Butter
Klammern
Pergamentpapier oder Alufolie

Für die Füllung:
150 g gebratenes Hühner- oder Kalbfleisch
1 altbackene Semmel
6 kleine Zwiebeln
150 g Steinpilze
30 g Eierschwammerl
6 Eidotter
60 g Butter
Salz, Pfeffer

Für die Soße:
120 g Butter
30 g Mehl

½ l Fleischbrühe
1 Eierschwammerl
4 Steinpilze
1 Essiggurke
1 Knoblauchzehe, gehackt
etwas gehackte Petersilie
einige Perlzwiebeln
½ EL Zitronensaft

Den geschuppten und gereinigten Karpfen innen leicht salzen.
Für die Füllung das gebratene Fleisch fein zerschneiden und mit der in Wasser eingeweichten und wieder gut ausgedrückten Semmel, den fein gehackten Zwiebeln, klein geschnittenen Pilzen sowie den übrigen Zutaten gut vermengen und nach Belieben mit Salz und Pfeffer abschmecken.
Den Karpfen mit der Masse füllen, mit Klammern verschließen und von allen Seiten mit etwas Butter bestreichen. Leicht salzen, in Pergamentpapier oder Alufolie wickeln und auf dem Rücken in den vorgeheizten Ofen legen. Dabei den Karpfen mit Holzstückchen stützen, damit er nicht umfällt. Bei 200 °C ca. 1 Stunde braten.
Inzwischen für die Soße aus Butter und Mehl eine Einbrenne herstellen, mit der Fleischbrühe ablöschen. Die übrigen Zutaten dazugeben und aufkochen lassen.
Die Soße getrennt zum fertigen Karpfen in einer Soßenschale servieren.
Dieser gefüllte Karpfen ist eine ausgefallene Spezialität für Genießer.

Schicht-Karpfen

1 kleiner Karpfen

Salz

500 g Kartoffeln

Fett für die Form

6 kleine Zwiebeln

2 Msp. Paprika, edelsüß

150 g saurer Rahm

Butterflöckchen

zum Belegen

Den geschuppten und gereinigten Karpfen in zweifinger dicke Stücke schneiden, salzen. Die Kartoffeln schälen und in dünne Scheiben schneiden. Eine Bratreine oder eine andere feuerfeste Form stark ausfetten, die Hälfte der fein gehackten Zwiebeln hineingeben, darüber 1 Msp. Paprika, die Hälfte der Kartoffelscheiben, Salz, Rahm und die Fischstücke verteilen.

Danach die restlichen Zwiebeln, die zweite Msp. Paprika und die restlichen Kartoffeln einschichten. Alles mit Butterflöckchen belegen und zugedeckt im vorgeheizten Ofen bei 220 °C ca. 1 Stunde backen. Heiß in der Form servieren. Variante (siehe Foto): gebackener Karpfen. Den vorbereiteten Karpfen in Stücke teilen, in Mehl wenden und auf beiden Seiten braten.

Forelle in Butter mit Mandelsplittern

Foto

4 Forellen

Salz

einige Salbeiblättchen

Butter zum Braten

80 g Mandelsplitter

Petersilie zum Garnieren

Forellen ausnehmen (oder vom Fischhändler vorbereiten lassen)

und reinigen, von allen Seiten salzen und die Salbeiblättchen in den Bauch geben.
Butter in einer Pfanne erhitzen, die Forellen nebeneinander hineinlegen und braten. Die Pfanne etwas schütteln, damit die Haut nicht anliegt. Forellen einmal wenden, danach die Mandelsplitter dazugeben, sie sollen nur kurz mitgeröstet werden. Die fertigen Forellen heiß auf einer vorgewärmten Platte mit Petersilie garniert servieren.

Forelle mit Champignons

4 Forellen

Salz

einige Salbeiblättchen

Butter zum Braten

100 g Champignons

Petersilie zum Garnieren

Forellen ausnehmen und reinigen, von allen Seiten salzen und Salbeiblättchen in den Bauch geben. Die Butter in einer Pfanne erhitzen, die Forellen nebeneinander hineinlegen und braten. Die Pfanne etwas schütteln, damit die Haut nicht anliegt. Während der letzten 5 Minuten die feinblättrig geschnittenen Champignons mitgaren lassen. Die fertigen Forellen heiß auf einer vorgewärmten Platte mit Petersilie garniert servieren.

Fische in Weinteig

Foto S. 60

500–800 g gemischte Fische (Karpfen, Wels, Stör oder Zander)

Salz

Pfeffer

Fett zum Ausbacken

Für den Weinteig:

2 Eier, getrennt

125 ml Weißwein

150 g griffiges Mehl

Salz

– *Fische in Weinteig/Rezept S. 59* –

Fisch-Ragout
Foto unten

1 Waller (Schadl) etwa 1 kg

5 mehlig kochende Kartoffeln

Fett für die Form

etwas Paprika, edelsüß

1 fein geriebene Zwiebel

3 EL saurer Rahm

Parmesan zum Bestreuen

Butterflöckchen

Semmelbrösel

200 g Rahm

Fisch säubern, in dicke Scheiben schneiden und in leichtem Salzwasser nicht zu weich kochen. Die Scheiben auskühlen lassen, Haut,

Fische reinigen und in mittelgroße, ca. 5 cm breite Stücke schneiden. Fischstücke salzen und pfeffern, beiseite stellen.

Für den Weinteig die Eidotter mit dem Wein gut verrühren, Mehl, Salz und die steif geschlagenen Eiklar unterheben.

Die Fischstücke gut in den Weinteig eintauchen und in reichlich heißem Fett langsam goldbraun ausbacken.

Zu den Fischstückchen in Wein schmecken ein feiner Kartoffelbrei und ein frischer grüner Salat.

Fett und Gräten entfernen und in mittelgroße Stücke schneiden. Kartoffeln schälen, kochen und durchdrücken. Eine feuerfeste Form gut einfetten, den Kartoffelbrei hineingeben. Paprika, Zwiebel und saure Sahne darüber verteilen. Die Fischstücke darauf legen und alles dick mit Parmesan bestreuen. Butterflöckchen obenauf setzen, mit Semmelbröseln bestreuen und die Sahne darüber gießen. Im vorgeheizten Ofen bei 220 °C ca. 45 Minuten goldgelb backen. Heiß in der Form servieren.

Gespickter Hecht auf böhmische Art

1 Hecht (etwa 1½ kg)

Saft von 2 Zitronen

Salz

150 g weißer Speck

150 g Butter

Den gereinigten Hecht innen und außen mit Zitronensaft beträufeln, von allen Seiten salzen und mit dem in dünne Streifen geschnittenen Speck spicken. Die Butter in

einer ofenfesten, möglichst ovalen Form erhitzen und braun werden lassen. Den Hecht auf dem Bauch hineinsetzen und von oben mit der Butter beträufeln. Im vorgeheizten Ofen bei 190 °C ca. 30 Minuten offen braten, bis die Speckstreifen an den Enden knusprig braun sind. Dabei öfters mit dem eigenen Saft begießen.

Zum böhmischen Hecht passen sehr gut Petersilienkartoffeln und ein grüner Salat. Auf die gleiche Weise können Sie übrigens auch einen Zander zubereiten.

Geflügel

Gebackene Tauben

pro Person 1 gerupfte,
ausgenommene Taube
Salz
Pfeffer
Mehl, Ei und Semmelbrösel
zum Panieren (oder Backteig)
Fett zum Ausbacken
Petersilie zum Garnieren

Tauben gut waschen, abtrocknen, danach innen und außen salzen und pfeffern. In Mehl, Ei und Semmelbröseln panieren oder in Backteig tauchen. In viel heißem Fett goldbraun ausbacken.

Mit gehackter Petersilie und Salat servieren.

Gefüllte Tauben

pro Person 1 Taube
2–3 Semmeln
100 g durchwachsener
Räucherspeck
2 Eier
etwas gehackte Petersilie
Salz, Pfeffer
evtl. etwas abgeriebene Schale
einer unbehandelten Zitrone
oder geriebene Muskatnuss
Küchengarn
40 g heißes Fett zum Begießen
50 g saurer Rahm
1 TL Mehl

Tauben reinigen. Semmeln in Wasser einweichen, gut ausdrücken und mit dem fein gewürfelten Speck, den Eiern, Petersilie, Salz, Pfeffer, Zitronenschale oder Muskat vermischen. Tauben damit füllen, zunähen, mit dem heißen Fett übergießen und in den heißen Ofen schieben. Bei 220 °C 30 Minuten zugedeckt garen lassen, dabei immer wieder mit Bratensaft begießen. Zum Schluss Tauben aufdecken und kurz bräunen lassen. Herausnehmen, Fäden entfernen, Bratensatz mit etwas Wasser ablöschen und mit Sauerrahm, vermischt mit Mehl, binden.

Tauben mit der Soße übergießen und mit verschiedenen Salaten servieren.

Gefüllte Gans

Foto S. 64

1 Gans
Salz, Pfeffer
Fett zum Anbraten
Klammern oder Küchengarn

Für die Füllung:
10 große Kastanien
1 Gänseleber
1 EL gehackte Petersilie
1 Ei
2 altbackene Semmeln
Milch zum Einweichen
1 EL Butter

Gans außen und innen salzen, innen auch leicht pfeffern.
Für die Füllung die Kastanienschalen einschneiden, im Ofen kurz anbraten, bis die Schale platzt, danach säuberlich schälen und fein hacken. Die Gänseleber durch den Fleischwolf drehen, mit den zerkleinerten Kastanien und der Petersilie gut vermischen, salzen und pfeffern, das Ei dazurühren. Die in Milch aufgeweichten Semmeln ausdrücken, die Butter zerlassen, die Semmeln einrühren und alles zur Lebermasse geben.
Die Gans mit der Lebermasse füllen, Öffnung mit Klammern oder Küchengarn verschließen. In einer gefetteten Bratpfanne in den vorgeheizten Ofen stellen und bei 200 °C mindestens 1 Stunde braten. Die Gans immer wieder mit dem austretenden Saft begießen, damit sie schön knusprig wird. Mit einer Gabel einstechen, um festzustellen, ob sie weich genug ist. Schließlich das Fett abgießen, den verbleibenden Saft mit etwas heißem Wasser ablöschen und in eine Schale gießen. Gans zerteilen und servieren.

Zur Gans sind in Wein gedämpftes Rotkraut oder Ananaskraut und Semmelknödel köstliche Beilagen.

– Gefüllte Gans/Rezept S. 63 –

Faschierte Gansbrust

1 Gansbrust
2 Semmeln
1 EL Gänsefett
1 Zwiebel
2–3 Eier
Salz
Pfeffer

Gansbrust vom Knochen lösen und ein- bis zweimal durch den Fleischwolf drehen. Die Semmeln gut in Wasser einweichen und ausdrücken. Fett erhitzen und die fein gehackte Zwiebel darin anrösten. Fleisch und Semmel untermengen, Eier dazuschlagen, salzen und pfeffern. Die Fleischmasse formgerecht auf den Gansbrust-Knochen legen. Im vorgeheizten Ofen bei 220 °C ca. 30 Minuten (je nach Dicke der Brust) im heißen Fett unter mehrmaligem Begießen schön braun braten. Das Fleisch erst bei Tisch in Scheiben schneiden.

Dazu passt hervorragend feiner, flockiger Kartoffelbrei und Salat. Sehr gut schmeckt auch mit saurem Rahm zubereiteter Gurkensalat dazu oder Paradeiskraut.

Gefüllter Ganskragen

1 Ganskragen
50 g Gänsefett
100 g Gänseschmalz zum Begießen
Mayonnaise zum Dekorieren
Küchengarn

Für die Füllung:
1 Gänsemagen
1 Gänseleber
250 g Schweinefleisch
1 Zwiebel in groben Stücken
100 g Champignons
1 altbackene Semmel
2 Eier
1 Prise Piment
Salz
Pfeffer

Für die Füllung Magen, Leber, Fleisch, Zwiebel, Champignons, in Wasser aufgeweichte und ausgedrückte Semmel durch den Fleischwolf drehen. Eier, Piment, Salz und Pfeffer hinzufügen und gut vermengen.
Ganskragen am breiteren Ende zunähen und mit der Fleischmasse füllen, anderes Ende ebenfalls zunähen. Rundum gut mit Gänsefett bestreichen. Im vorgeheizten Ofen bei 200 °C ca. 35 Minuten braten, immer wieder mit Gänseschmalz begießen, bis der Kragen goldbraun ist. Auskühlen lassen und in Scheiben schneiden.

Mit Kartoffelsalat servieren.

Gebratene Ente

Foto

1 Frühmastente
1 TL Salz
½ TL weißer Pfeffer
1 TL Majoran
30 g Butterschmalz
1 TL Kümmel
2 EL Cognac

Gereinigte, bratfertige Ente innen mit Salz, Pfeffer und Majoran gründlich einreiben. Bratofen auf 200 °C vorheizen. Währenddessen

Butterschmalz am Herd in einer ofenfesten Bratpfanne heiß werden lassen, Ente in die Pfanne legen. Rundum bei mäßiger Hitze anbraten, damit das Entenfett ausbraten kann, dabei mehrfach wenden. Dann, die Ente auf die Brustseite legen, die Bratpfanne ins Rohr stellen und zudecken. Ca. 18 Minuten braten. Mit dem ausgetretenen Saft begießen und wenden, wieder 18 Minuten zugedeckt braten, danach nochmals mit dem Saft begießen. Jetzt auf den Rücken legen und zu-

gedeckt 20 Minuten braten. Neuerlich reichlich mit dem Saft rundum begießen und ohne Deckel bei hochgeschaltetem Rohr braten, bis die Haut schön gebräunt ist. Mit Cognac bepinseln und auf eine Platte legen, den Bratensaft in eine Soßenschüssel gießen.

Zur gebratenen Ente schmecken Kartoffelkroketten oder -püree mit Rotkraut oder feinem Gemüse.

– Gebratener Truthahn/Rezept S. 68 –

Huhn auf Marengo-Art *Foto*

1 Brathuhn oder Poularde

50 g Fett

5 Schalotten

60 g klein geschnittene Champignons

3 Tomaten

250 ml Weißwein

Salz, Pfeffer

1 TL Mehl

Huhn in vier Teile zerlegen. Fett erhitzen, Fleisch von allen Seiten hellgelb anbraten. Fein gehackte Schalotten dazugeben und ein wenig mitrösten lassen. Dann Pilze, Tomaten, Wein, Salz und Pfeffer beifügen und Hühnerteile zugedeckt in ca. 35 Minuten weich dünsten. Hühnerteile herausnehmen, Saft mit Mehl bestäuben, gegebenenfalls noch etwas Wein hinzufügen. Aufkochen lassen, Fleisch darin nochmals erhitzen und servieren.

Zum Marengo-Huhn passt am besten frisch gedünsteter Reis.

Gebratener Truthahn *Foto S. 67*

1 Truthahn

Salz

350 g durchwachsener Räucherspeck

300 ml Wasser

2–4 EL Cognac

Spicknadel

Truthahn innen und außen salzen. Speck in feine Streifen schneiden und mit Dreiviertel davon die Brust spicken. Restlichen Speck in der Bratreine verteilen, mit dem Wasser übergießen und den Truthahn mit der Brust nach unten darauf legen. In den gut vorgeheizten Ofen schieben (220 °C) und unter öfterem Begießen ca. 3 Stunden lang braten. Nach der Hälfte der Garzeit Truthahn umdrehen und auf dem Rücken fertig braten. Am Ende der Garzeit Cognac darüber gießen und den Braten nochmals kurz ins Rohr schieben. Schön in tellergerechte Stücke tranchieren und servieren. Bratensatz mit etwas Wasser aufkochen und heiß separat reichen.

Als Beilagen können sie in Wein gedämpftes Rotkraut, diverse Knödel oder Kartoffelbrei und frische Salate servieren.

Gebackenes Hühnerfleisch in Bierteig

½ Brathuhn
100 ml Brühe
1 Zwiebel
1 Lorbeerblatt
35 g Butter
1 Sträußchen Petersilie
Fett zum Ausbacken

Für den Bierteig:
100 g Mehl

250 ml Bier
1 Ei
¼ Päckchen Backpulver
1 EL zerlassene Butter

Brathuhn zerteilen und in der Brühe zusammen mit der halbierten Zwiebel, Lorbeerblatt, Butter und Petersilie mehrere Male aufkochen. In der Brühe erkalten

lassen, dann herausnehmen, abtrocknen.

Inzwischen für den Bierteig die Zutaten ähnlich wie beim Pfannkuchenteig verquirlen. Hühnerteile in Bierteig tauchen und in heißem Fett goldbraun ausbacken.

Zum Hühnerfleisch in Bierteig schmeckt ein herzhafter Salat.

– Béchamelhuhn/Rezept S. 70 –

Béchamelhuhn

Foto S. 69

2 Hähnchen
1 l Fleischbrühe
Salz
60 g Butter
60 g fein geschnittene
Champignons
60 g Mehl
50 ml Milch
3 Eier
Semmelbrösel zum Panieren
Fett zum Ausbacken

Hähnchen in Fleischbrühe mit Salz weich kochen. Herausnehmen, Haut abziehen und vierteln. Butter erhitzen, Pilze darin weich dünsten, Mehl dazurühren und mit der Milch zu einer sehr dicken Béchamel-Soße aufkochen lassen. Salzen, pfeffern und die Eidotter hineinquirlen. Die Hähnchenviertel dick mit der Soße bestreichen, mit etwas Semmelbröseln bestreuen, damit sie nicht zu feucht sind. Danach vorsichtig im leicht aufgeschlagenen Eiweiß wenden, mit den Semmelbröseln panieren und in heißem Fett goldgelb ausbacken.

Hühnerfrikassee

1 Suppenhuhn
40 g Fett
40 g Mehl
3 Eidotter
60 g saurer Rahm
80 ml Weißwein
1 EL Zitronensaft
1 Msp. abgeriebene Schale
von einer unbehandelten
Zitrone
einige Stengel krause Petersilie

Suppenhuhn in 1 l Salzwasser weich kochen, in der Brühe auskühlen lassen. Haut entfernen, Fleisch von den Knochen lösen und in Würfel schneiden. Aus Fett und Mehl eine Einbrenne herstellen, mit ca. ½ l Hühnerbrühe ablöschen, gut aufkochen lassen. Dann Eidotter, Rahm, Wein, Zitronensaft und -schale dazurühren. Hühnerfleisch hineingeben, nochmals erhitzen, aber nicht mehr kochen. Mit der gehackten Petersilie bestreuen.

Hühnerfrikassee mit Reis, Salzkartoffeln, Blumenkohl und Spargel servieren.

Hühnerragout

1 Huhn
70 g Butter
100 g Mehl
125 ml Milch
3 Eier, getrennt
60 g klein geschnittene,
gedünstete Champignons

120 g gekochte grüne Erbsen
120 g gekochte
Blumenkohlröschen
120 g gekochte Spargelspitzen
1 Schweinehirn
1 kleine Gänseleber
1 EL geriebener Parmesan
abgeriebene Schale einer
unbehandelten Zitrone
Salz
Pfeffer
Fett und Semmelbrösel
für die Form
Puddingform

Huhn in Salzwasser weich kochen, abkühlen lassen. Aus dem Sud nehmen, Haut entfernen, Fleisch von den Knochen lösen und in kleine Würfel schneiden. Butter zerlassen, Mehl einrühren, leicht anrösten, aber nicht braun werden lassen. Mit Milch ablöschen und auskühlen lassen. Die drei Eidotter gut einrühren und mit Gemüse und Hühnerfleisch vermengen. Schweinehirn reinigen und aus der Hirnhaut lösen, Gänseleber fein schaben, beides in das Fleisch-Gemüse-Gemisch einrühren. Die drei Eiklar zu steifem Schnee schlagen, Parmesan, Zitronenschale, etwas Salz und Pfeffer unterheben und zur Fleisch-Gemüse-Masse dazumengen. Eine Puddingform einfetten und reichlich mit Bröseln bestreuen, die Fleisch-Gemüse-Masse bis zweifingerbreit zum Rand einfüllen. Form verschließen, in ein Wasserbad stellen und ca. 1 Stunde kochen. Auf eine vorgewärmte Platte stürzen und heiß servieren.

Geschichteter Reis

350 g Reis	
Salz	
500 g Hühnerklein und	
Innereien	
2 EL Fett	
1 Zwiebel, klein geschnitten	
Pfeffer	
1 Prise Piment	
3 Eier	
3 EL Schmand	
Fett für die Form	
2 Hühnerlebern	
20 g Fett	

Den Reis waschen und abtropfen lassen. Mit etwas Salz in einem Topf kochen, bis er weich, aber noch körnig ist.

Inzwischen das Hühnerklein und die Innereien in ca. ¾ l Wasser weich kochen, etwas auskühlen lassen. Das Fleisch von den Knochen lösen und mit den Innereien durch den Fleischwolf drehen. Das Fett erhitzen und die Zwiebeln darin hellgelb rösten. Die Fleischmasse dazugeben, mit Salz, Pfeffer und Piment würzen und dünsten lassen. Die Eier hineinschlagen, unter Rühren leicht stocken lassen. Den Topf von der Kochstelle ziehen und den Schmand einrühren.

Eine feuerfeste Form mit Deckel oder eine Puddingform gut ausfetten, die Hälfte vom Reis einfüllen. Darauf die Fleischmasse und danach den restlichen Reis geben, die Form abdecken. Im Wasserbad bei geringer Hitze ca. 1 Stunde durch-

ziehen lassen, bis die Fleischmasse gut gestockt ist.

Inzwischen die Hühnerleber säubern, fein schneiden und im erhitzten Fett zugedeckt in ca. 20 Minuten garen. Am Ende den Deckel abneh-

men und die Flüssigkeit verdampfen lassen, nach Belieben salzen.

Den Reis aus dem Wasserbad nehmen, den Deckel öffnen und die Leberstreifen darüber streuen. Heiß servieren.

Wildgerichte

Rahmfasan

1 Fasan

Salz, 1 EL Butter

1 TL gehackte Petersilie

150 g Räucherspeck

250 ml Fleischbrühe

1 Zwiebel

100 g saurer Rahm

Küchengarn

Fasan reinigen, innen und außen salzen. Petersilie mit der weichen Butter vermischen und in den Bauch des Fasans füllen. Den Speck in Scheiben schneiden, um den Fasan wickeln und mit Küchengarn befestigen.

Die Fleischbrühe erhitzen, die fein gehackte Zwiebel und den Fasan dazugeben. Zugedeckt bei 220 °C im vorgeheizten Ofen 15 Minuten garen lassen. Danach den Deckel entfernen und den Fasan noch ca. 15 Minuten bräunen lassen, dabei nach und nach mit dem sauren Rahm begießen.

Der Rahmfasan schmeckt sehr gut mit einer Pilzsoße, Kartoffelbrei und Preiselbeeren.

Gebratene Wildente mit Weichseln

1 junge Wildente

Salz

Pfeffer

Butter zum Bestreichen

200 g entsteinte Weichseln

150 ml Rotwein oder Sherry

Die Wildente wird genauso zubereitet wie die Hausente. Innen und außen salzen und pfeffern, mit der weichen Butter bestreichen und in eine Bratenreine geben. Im vorgeheizten Ofen bei 220 °C in ca. 1 Stunde goldbraun braten, dabei mehrmals mit dem Bratensaft begießen.

Ente herausnehmen, in gefällige Stücke schneiden und auf eine vorgewärmte Platte legen.

In den Bratensaft Weichseln (Kirschen) und Rotwein oder Sherry geben, aufkochen. Mit den Weichseln die Ente garnieren, sie Soße separat reichen.

Zum Wildentenbraten mit Weichseln schmeckt ein feines Kartoffelpüree.

Wildschwein-schinken mit Hagebuttensoße

1 Wildschweinschinken

2–3 l Rotwein

Salz

Pfeffer

Wacholderbeeren

1 Lorbeerblatt

1 Knoblauchzehe

1 Zwiebel

geriebener Kren

Für die Hagebuttensoße:

1 Dose Hagebuttenmark

5 EL saurer Rahm

1 EL Mehl

200 ml Sud vom Schinken

Zucker nach Belieben

Aus Rotwein, Salz, Pfeffer, Wacholderbeeren, Lorbeerblatt, Knoblauch und Zwiebel einen Sud bereiten und in diesem den Schinken weich kochen. Im Sud auskühlen lassen. Inzwischen für die Hagebuttensoße alle Zutaten vermengen und unter Rühren aufkochen. Mit Zucker abschmecken. Den Schinken in schöne Scheiben schneiden, mit geriebenem Kren bestreuen und mit Hagebuttensoße servieren.

Rehschlegel mit Orangensoße

1 Rehschlegel
100 g weißer Speck, in Streifen
Salz
Pfeffer
100 g Fett

100 g geräucherter, roher Schinken
1 gelbe Rübe
5 Schalotten
2 EL Fleischextrakt
3 große Orangen
Cayenne-Pfeffer
1 Prise Zucker
1 TL französischer Senf
Spicknadel

Für die Beize:
2 Zwiebeln
100 g Fett
3 gelbe Rüben
2 Lorbeerblätter
3 Nelken
15 Pfefferkörner
1 l guter Weinessig
1 l Rotwein
1 l Wasser

Für die Beize Zwiebeln im Fett glasig dünsten, die fein geschnittenen gelbe Rüben, Lorbeerblätter, Nelken und Pfefferkörner dazugeben. Alles mit Essig aufgießen und bis zur Hälfte einkochen lassen. Dann mit Rotwein und Wasser auffüllen und ebenfalls gut verkochen lassen.

Den Sud abseihen und zum Abkühlen beiseite stellen. In diese Beize den Rehschlegel an einem kühlen Ort 2–3 Tage einlegen. Den Schlegel aus der Beize nehmen, gut abtrocknen und mit Hilfe der Spicknadel mit den Speckstreifen spicken. Von allen Seiten salzen und pfeffern, im heißen Fett kurz von beiden Seiten anbraten. In Würfel geschnittenen Schinken, in Scheiben geschnittene gelbe Rüben und Schalotten dazugeben, zugedeckt weich dünsten, dabei den Schlegel öfter mit dem Bratensaft begießen. Den fertigen Schlegel auf ein großes Brett legen und auskühlen lassen.

Ca. 300 ml Beize (nach Bedarf mehr) und den Fleischextrakt zum Gemüse geben, nochmals aufkochen und durch ein Sieb passieren. Eine Orange schälen, weiße Haut und Kerne entfernen, in kleine, gleichmäßige Stücke schneiden und zur passierten Soße geben. Den Saft von den restlichen 2 Orangen dazugießen, mit Cayenne-Pfeffer würzen, mit Zucker und Senf abschmecken. Erkalteten Rehschlegel in Scheiben schneiden, dazu die ebenfalls erkaltete Soße servieren.

Hasenscheiben mit Zitrone

1 Hasenrücken
1 Hasenschlegel
kochendes Wasser zum Brühen
Salz
Pfeffer
1 Zwiebel
Petersilie
Zitronensaft
Fett zum Ausbacken

Hasenrücken und -schlegel mit dem kochenden Wasser überbrühen. Nach 15 Minuten herausnehmen, abtrocknen und in schöne Scheiben schneiden. Salzen, pfeffern, mit fein gehackter Zwiebel und Petersilie bestreuen. Die Scheiben von beiden Seiten mit Zitronensaft beträufeln, aufeinander legen und ein paar Stunden ruhen lassen. Danach die einzelnen Scheiben in heißem Fett goldbraun ausbacken. Den Bratensatz mit 200 ml

Wasser aufkochen und zuletzt über das Fleisch geben.

Die Hasenscheiben schmecken besonders gut mit Kartoffelbrei und Essigzwetschgen.

Hase in Wein

Foto

1 Hase
kochendes Wasser zum Brühen
Salz
100 g Fett

2 Zwiebeln
3 grüne Paprikaschoten
1 Msp. Pfeffer
1 Nelke
1 Flasche Wein (ca. 750 ml)

Vom gereinigten Hasen dünne Haut abziehen, mit kochendem Wasser überbrühen. Nach 30 Minuten herausnehmen, abtrocknen und salzen. In einer großen Pfanne das Fett erhitzen, in Ringe geschnittene Zwiebeln und die in mundgerechte Stücke geteilte

Paprika, Pfeffer, Nelke, den Hasen und so viel Wein dazugeben, dass der Hase fast bedeckt ist. Weich dünsten, den Hasen herausnehmen und den Saft verdampfen lassen. Den Bratensatz etwas bräunen, Mehl dazurühren und mit 200 ml Wasser aufkochen. Zum Servieren den Hasen zerteilen und die Soße darüber gießen.

Als Garnierung und sehr wohlschmeckend - Ribisel-Soße!

Hase faschiert

1 Hasen-Vorderteil
Hasenklein
kochendes Wasser zum Brühen
100 g weißer Speck
1 kleine Zwiebel
1 Semmel
2 Eier
Salz, Pfeffer
1 EL Zitronensaft
etwas abgeriebene Schale einer unbehandelten Zitrone
Semmelbrösel zum Wenden
Fett zum Ausbacken

Mit einem scharfen Messer alle Knochen auslösen. Das Fleisch und das Hasenklein in einer großen Schüssel mit dem kochenden Wasser überbrühen, 15 Minuten stehen lassen. Dann alles aus dem Wasser nehmen und durch den Fleischwolf drehen.
Den Speck in kleine Würfel schneiden, Zwiebel fein reiben, Semmel in etwas Wasser einweichen. Speck,

Zwiebel, gut ausgedrückte Semmel, Eier, Salz, Pfeffer, Zitronensaft und -schale gut mit der Fleischmasse vermengen.

Runde Laibchen (Frikadellen) mit befeuchteten Händen formen, in Semmelbröseln wenden und anschließend in heißem Fett goldbraun ausbacken.

Servieren Sie die Hasenlaibchen mit einer Zitronen- oder Pilzsoße.

Variante: Sie können die Masse auch als Hackbraten backen, dann im Ganzen mit dem Paniermehl bestreuen und einigen, dünnen Speckscheiben belegen, im vorgeheizten Ofen bei 220 °C ca. 1 Stunde braten.

– Wildpastete/Rezept S. 80 –

Hasenpastete

**250 g Reste von gebratenem
Hasenfleisch**

1 Zwiebel

250 g Schweinehackfleisch

100 g Fett

Salz

Pfeffer

Thymian

150 ml Rotwein

1 EL Semmelbrösel

1 Ei

**Fett und Semmelbrösel für
die Form**

**einige dünne Speckscheiben
zum Abdecken**

Puddingform

Hasenfleisch von den Knochen lösen, die Hälfte davon würfeln. Das
restliche Hasenfleisch mit der Zwiebel zweimal durch den Fleischwolf
drehen. Das Schweinehackfleisch
im heißen Fett gut anbraten, das
faschierte Hasenfleisch dazugeben,
mit Salz, Pfeffer und Thymian nach
Belieben würzen, gut umrühren.
Wein mit Semmelbröseln und Ei
vermengen und zum leicht abgekühlten Fleisch mischen. Eine
Puddingform gut einfetten und mit
Bröseln bestreuen, das gebratene
Hackfleisch abwechselnd mit den
Fleischwürfeln einschichten, mit
Speckscheiben abdecken und im
Wasserbad ca. 1 Stunde kochen.

Warm mit Kartoffelkroketten und
Preiselbeeren oder kalt mit Mayonnaise servieren.

Wildkroketten

**500 g gebratenes, durch-
gedrehtes Wildfleisch
(Reste oder qualitativ minder-
wertigere Teile)**

30 g Butter

40 g Mehl

250 ml Milch

**50 g fein geschnittene
Champignons**

1 TL gehackte Petersilie

Fett zum Dünsten

3 Eier

Salz

Pfeffer

1 EL Mehl

**Mehl und Semmelbrösel zum
Panieren**

Fett zum Ausbacken

Butter erhitzen, Mehl hineinrühren.
Nach und nach Milch dazugeben,
unter ständigem Rühren zum Kochen bringen und ziemlich dick
einkochen. Pilze mit Petersilie in
wenig Fett weich dünsten und zur
Béchamelsoße geben. Eier trennen,
Eidotter verklöppeln und zusammen mit dem Fleisch ebenfalls unterrühren. Nach Geschmack salzen
und pfeffern, Mehl dazugeben. Kleine Kroketten formen, nacheinander
in Mehl, den leicht verschlagenen
Eiklar und den Bröseln wälzen. In
reichlich Fett goldbraun ausbacken.

Zu den Wildkroketten schmeckt
gut ein frischer Salat.

Wildpastete *Foto S. 79*

**500 g gebratenes Wildfleisch
(Reste vom Braten)**

120 g weißer Speck

½ Zwiebel

2 Eidotter

1 Ei

Salz

Pfeffer

3 EL saurer Rahm

2 EL Semmelbrösel

2 Platten fertigen Strudelteig

Öl für den Teig

1 Ei zum Bestreichen

Fleisch und Speck durch den
Fleischwolf drehen. Mit fein ge-
wiegter Zwiebel, den Eidottern,
dem Ei, Salz, Pfeffer, saurem Rahm
und Semmelbröseln gut vermengen. Den auf einem Küchentuch
ausgezogenen Strudelteig mit
Öl beträufeln, die Fülle zu einer
Rolle formen und auf den Teig
legen. Den Strudel mit Hilfe des
Tuchs vorsichtig zusammenrollen.
Mit dem verklöppelten Ei bestreichen und im vorgeheizten
Ofen bei 200 °C ca. 30 Minuten
backen.

Nach dem Backen wird die Pastete
in Vierecke geschnitten und heiß
serviert. Lässt sich gut vorbereiten!
Variante: Diese Pastete kann auch
mit Blätterteig zubereitet werden.
Dann das Blech mit Blätterteig
auslegen, die Fülle darauf verteilen,
mit Teig abdecken und ebenfalls
mit Ei bestrichen backen.

– Gebratene Wildente mit Weichseln –

Gemüsegerichte

Böhmische Specklinsen

Foto

500 g Linsen, Salz
1 fein geschnittene Zwiebel
1 Lorbeerblatt

250 g fein gewürfelter durch-
wachsener Räucherspeck
1 Msp. Pfeffer
3 EL Rotwein

Linsen über Nacht in reichlich Wasser einweichen, tags darauf Wasser
bis auf 20 cm über den aufgequol-
lenen Linsen abgießen, nach Geschmack salzen, mit Zwiebel und
Lorbeerblatt bei mäßiger Hitze
weich kochen. Evtl. noch etwas
Wasser dazugießen, damit nichts
anliegt. Speckwürfel in einer Pfanne knusprig bräunen, zu den weich
gekochten Linsen hinzufügen,
pfeffern. Rotwein dazugeben und
2 Minuten durchziehen lassen.

Sehr schmackhaft zu gebratenem
Rebhuhn, Fasan oder zu gekochtem Schinken.

Weiße Bohnen

750 g getrocknete weiße
Bohnen
3 kleine Zwiebeln
1 Bund Suppengrün
30 g Fett
30 g Mehl
3 Knoblauchzehen
Paprikagewürz
Salz

Bohnen waschen, über Nacht in
reichlich Wasser einweichen. Tags
darauf im gleichen Wasser kochen,
evtl. Wasser zugießen, um die Bohnen ganz zu bedecken. Zwiebeln in
Scheiben schneiden, Suppengrün
gut waschen und zerschneiden, alles zu den Bohnen geben. Sind die
Bohnen weich, aus Fett, Mehl, fein

zerdrücktem Knoblauch und Paprikagewürz in einer Pfanne eine Einbrenne zubereiten und die Bohnen einrühren.

Sehr schmackhaft sind die Bohnen mit Geräuchertem und Schweinestelze (Schweinshaxe): Fleisch in Stücke schneiden und mit den Bohnen vermischen.

Saures Erdäpfelgemüse

15 kleinere Erdäpfel

Salz

1 Lorbeerblatt

30 g Fett

30 g Mehl

1 große Zwiebel

Weinessig

50 g Schmand

Rohe Erdäpfel schälen, in dünne Scheiben schneiden (mit einem sog. Buntmesser können die Kartoffeln dekorativ geschnitten werden, siehe Foto). In leicht gesalzenem Wasser, das die Scheiben ganz bedeckt, mit dem Lorbeerblatt halbweich kochen. Aus Fett und Mehl eine helle Einbrenne zubereiten. Darin die fein gehackte Zwiebel glasig dünsten, mit etwas Wasser ablöschen, zu den Erdäpfeln hinzufügen und aufkochen lassen. Sind die Erdäpfel weich, mit Weinessig und Schmand verfeinern.

Paradeis-Erdäpfel

500 g gekochte Erdäpfel
30 g Fett
30 g Mehl
½ l Tomatensaft
Zucker
Salz
1 Blatt Selleriegrün
1 EL braun geröstete Zwiebeln

Fett erhitzen, Mehl einrühren, mit Tomatensaft ablöschen. Zuckern und salzen, die gekochten, geschälten und in Scheiben oder Würfel geschnittenen Kartoffeln mit dem Sellerieblatt hinzufügen und ein- bis zweimal aufkochen. Mit den gerösteten Zwiebeln bestreuen.

Schmeckt zu Rinderschnitzel mit Paprika und Zwiebeln oder auch zu Kotelett mit Knoblauch.

Götzenknödel

Foto

1½ kg rohe mehlig kochende Kartoffeln
500 g gekochte mehlig kochende Kartoffeln
Salz

750 g dicke, saure Milch
200 g klein geschnittene Birnen
150 g Grammeln (Grieben)
Fett für das Blech

Die Kartoffeln schälen und reiben und anschließend durch ein wasserdurchlässiges Säckchen pressen.

Das abgeflossene Wasser stehen lassen, bis sich die Stärke abgesetzt hat. Die ausgepressten Kartoffeln in eine Schüssel geben, etwas salzen und sofort mit den gekochten Kartoffeln und der sauren Milch vermengen, damit sie nicht braun werden. Das Wasser der ausgepressten rohen Kartoffeln weggießen, die abgesetzte Stärke mit in die Schüssel geben, ebenso Birnenstücke und Grammeln. Alles zu einem Teig kneten, evtl. salzen. Ein Backblech gut einfetten, den Kartoffelteig gleichmäßig aufstreichen und im vorgeheizten Ofen bei 190 °C in ca. 45 Minuten hellgelb backen.

Die fertige Speise in rechteckige Stücke schneiden und mit leicht gezuckerten Preiselbeeren, die vorher mit roher Milch gemischt wurden, servieren. Ein echtes Egerländer Rezept!

Erdäpfelknödel

1 kg mehlig kochende Kartoffeln
200 g Mehl
100 g Hartweizen-Grieß
1 Ei
Salz
Mehl für das Brett

Kartoffeln kochen, schälen und passieren. Ausgekühlt Mehl, Grieß, Ei und etwas Salz hineinkneten. Auf einem bemehlten Brett eine Rolle von ca. 6 cm Durchmesser formen und in vier bis sechs gleichmäßige Stücke schneiden. Diese mit bemehlten Händen zu Knödeln formen. In 3 l kochendes Salzwasser einlegen und offen kochen lassen, bis die Knödel aufsteigen. Dann zugedeckt noch ca. 30 Minuten ziehen lassen.

Die Knödel zu Braten, auch Lungen-, Reh- oder Gänsebraten servieren. Gut schmecken die Erdäpfelknödel auch mit Kompott, dann mit in Butter gerösteten Semmelbröseln und Schmetten servieren.

Krauttascherln

Foto

Für den Kartoffelteig:
1 kg mehlig kochende Kartoffeln
5 EL Mehl
3 Eier
1 Prise Salz
½ TL Zucker

Für die Füllung:
1 mittelgroßer Kopf Weißkraut
60 g Fett
1 EL Zucker
1 TL Salz
½ TL Pfeffer
2–3 EL Weißwein

je 60 g Fett und Semmelbrösel zum Bestreuen

Die Kartoffeln weich kochen, kurz auskühlen lassen, pellen und noch warm durchdrücken. Mit Mehl, Eiern, Salz und Zucker gut verkneten. Inzwischen für die Füllung das Kraut putzen, waschen und fein schneiden. Fett erhitzen, Zucker darin etwas karamellisieren, Kraut zugeben, salzen und pfeffern. Zugedeckt bei geringer Hitze 20 Minuten dünsten, danach mit Wein

ablöschen. Offen fertig dünsten und abkühlen lassen.

Auf dem Brett den Kartoffelteig ca. ½ cm dick auswalken und etwa 8 x 8 cm große Quadrate schneiden. Je einen guten Esslöffel Krautfülle gleichmäßig auf die Mitte der Teigstücke verteilen. Einmal zusammenklappen, Ränder fest andrücken. Vorsichtig in kochendes, aber nicht sprudelndes Salzwasser gleiten lassen. Nach ca. 15 Minuten, wenn alle Tascherln aufgestiegen sind, diese mit dem Schöpfer herausnehmen, abtropfen lassen und auf eine Platte geben.

Eignet sich auch bestens als fleischlose Mahlzeit in der Fastenzeit.

– Krauttascherln –

– Böhmische Röllchen –

Böhmische Röllchen

**500 g gekochte, durch-
gedrückte Kartoffeln**

**500 g rohe, geriebene
Kartoffeln**

1 Ei

1 TL Sardellenpaste

1 EL Reibkäse

**1 hart gekochten, gehackten
Eidotter**

1 EL gehackte Kapern

Salz, Pfeffer, Muskat

**dicker Brei von ½ l Milch und
100 g Haferflocken**

**1 Ei und Semmelbrösel zum
Panieren**

Fett zum Ausbacken

Alle Zutaten gut miteinander ver-
mengen. Den Teig zu daumen-
dicken Röllchen formen, mit Ei und
Bröseln panieren und im heißen
Fett von allen Seiten hellgelb aus-
backen.
Dazu Salat reichen. Die böhmischen
Röllchen passen gut zu Wildbret.

Böhmische Serviettenknödel

Foto unten

10 altbackene Semmeln

375 ml heiße Milch

**100 g fetter, fein gewürfelter
durchwachsener Räucher-
speck**

4–5 Eier, getrennt

100 g Mehl

75 g Butter

Salz

Semmeln würfeln und mit der Milch übergießen, etwas ziehen lassen. Inzwischen den Speck in einer Pfanne ausbraten. Zu den Semmeln nach und nach die Eidotter, die Speckwürfel, das Mehl und die Butter untermischen. Alles gut verarbeiten, die steif geschlagenen Eiklar unterheben, evtl. salzen. Die Masse in eine Serviette binden und in siedendem, leicht gesalzenen Wasser 45 Minuten garen. Den fertigen Knödel aus der Serviette nehmen, mit einem Faden in Scheiben teilen und heiß servieren.

Statt Speck können auch etwas Petersilie und geröstete Zwiebeln verwendet werden.

Meridon

Foto

4 altbackene Semmeln

250 ml Milch

100 g Butter

3 Eier, getrennt

5 EL saurer Rahm

3 EL Semmelbrösel

Salz

1 Prise Muskat

200 g fein gewiegte Krakauer
Butter und Semmelbrösel
für die Form

Die Semmeln entrinden und in der Milch einweichen. Die Butter schaumig rühren, nach und nach die Eidotter dazurühren. Die Semmeln gut ausdrücken. Mit dem Rahm, den Semmelbröseln, etwas Salz, Muskat und der Krakauer gut vermengen. Zuletzt die steif geschlagenen Eiklar einarbeiten. Eine Backform einfetten und -bröseln. Die Masse hineingeben und im vorgeheizten Ofen bei 170–180 °C ca. 40 Minuten backen.

In der Form servieren und Salat dazu reichen.

Schinkenfleckerl

Für den Nudelteig:
100 g Mehl
1 Ei
1 Eierschale Wasser
Salz

Für den Mürbteig:
200 g Mehl
100 g Butter
1/2 TL Salz
1 Ei
1 EL Milch

Für die Füllung:
300 g gekochter, fein gehackter Schinken
5 Eier, getrennt
300 g saurer Rahm

Salz
Mehl zum Auswalken
Fett und Semmelbrösel
für die Form
Butterflöckchen zum Belegen

Für den Nudelteig die angegebenen Zutaten zu einem festen, glatten Teig verarbeiten und ein wenig ruhen lassen. Dann etwas bemehlen, dünn auswalken, in Streifen schneiden. Die Streifen übereinander legen und etwa fingerbreit in rechteckige »Fleckerl« schneiden. In Salzwasser kochen, abseihen und kurz mit kaltem Wasser abschrecken.
Für den Mürbteig alle zimmerwarmen Zutaten mit etwas Salz gründlich, aber schnell zusammenkneten und kühl stellen.
Für die Füllung den Schinken mit Eidottern, Rahm und etwas Salz vermischen. Zuletzt die steif geschlagenen Eiklar unterheben. Eine Springform einfetten und mit den Semmelbröseln bestreuen. Boden und Rand der Form mit etwa Zweidrittel des dünn ausgewalkten Mürbeteigs auslegen. Darauf eine Lage Füllung geben, mit einem Teil der gekochten Fleckerl bedecken. So weiterschichten, bis Fülle und Nudeln aufgebraucht sind. Den überstehenden Rand darauf umschlagen und mit dem restlichen Mürbteig abdecken. Darauf einige Butterflocken geben und im vorgeheizten Ofen bei 180–190 °C rosig überbacken. Die Form lösen, Torte in Stücke schneiden und warm servieren.

Schinken-Topfen-Bombe   *Foto S. 92*

6 Eier, getrennt
50 g Butter
500 g durch ein Sieb passierter Topfen
6 EL Schmetten
8 gestr. EL Mehl
Salz
15 EL durchgedrehter gekochter Schinken
Butter zum Einfetten
1 Serviette

Eidotter, Butter, Topfen, Schmetten und Mehl gut vermischen, salzen, steif geschlagene Eiklar untermengen. Serviette auf einen tiefen Teller legen und in der Vertiefung gut mit Butter einfetten. Ein Drittel der Topfenmasse darauf verteilen. Darüber 8 EL Schinken streuen, restliche Topfenmasse darüber verteilen. Serviette locker zusammenbinden, so dass sich die Masse noch ausdehnen kann. In kochendes Salzwasser legen und 1 Stunde kochen. Serviette aufbinden, Bombe auf eine Platte stürzen, mit restlichem Schinken bestreuen und nach Geschmack mit Rahm übergießen.

– *Schinken-Topfen-Bombe/Rezept S. 91* –

Gekochter Kopfsalat

5 Salatköpfe
kochendes Wasser
zum Brühen
40 g Fett
30 g Mehl
2 EL Dill
1 Knoblauchzehe
¼ l Milch
Salz
Zucker
Essig
1 Prise Muskat
1 EL Sauerrahm

Salat zerlegen und gründlich waschen. Die einzelnen Blätter zu mehreren aufeinander legen und »nudelig« (in Streifen) schneiden. Mit kochendem Wasser überbrühen, eine Weile stehen lassen. Fett in einer tiefen Pfanne erhitzen, mit dem Mehl eine helle Einbrenne zubereiten. Darin fein gehackten Dill und die fein zerdrückte Knoblauchzehe kurz anrösten. Alles mit ¼ l Milch ablöschen.

Den klein geschnittenen Salat dazugeben, kurz aufkochen, evtl. etwas Milch nachfüllen, wenn das Gemüse zu dick ausfällt. Nach Geschmack salzen, zuckern und mit Essig, Muskat und Sauerrahm verfeinern.

Böhmisches Rotkraut

1 kg Rotkraut
3 EL Weinessig
6 Stück Würfelzucker
150 g durchwachsener Räucherspeck
½ TL Salz
1 Msp. weißer Pfeffer
1 Msp. Nelkenpulver

Rotkraut putzen und fein schneiden. Zusammen mit 3 EL Wasser und Essig in einen Topf geben. Die Würfelzucker obenauf legen, damit sie langsam zergehen und nicht karamellisieren. Kraut zugedeckt ca. 25 Minuten dünsten, bis die Feuchtigkeit ziemlich verdampft ist.

Inzwischen die Speckwürfel in feine Stückchen schneiden und in einer Pfanne knusprig bräunen. Zum Kraut geben und mit Salz, Pfeffer und Nelkenpulver abschmecken. Alles nochmals knappe 5 Minuten ziehen lassen.

Das Böhmische Rotkraut passt sehr gut zu Gänse- oder Schweinebraten, oder auch zu geräuchertem Fleisch. Unerlässlich dazu in jedem Fall: Die böhmischen Serviettenknödel.

Spargel mit Erbsen

750 g Spargel

Salz

200 g junge grüne Erbsen

50 g Butter

30 g Mehl

2 EL Sauerrahm

Zucker

Muskat

Spargel schälen und in Stücke schneiden, in wenig leicht gesalzenem Wasser weich kochen. Daneben in etwas Wasser und Butter die jungen Erbsen weich dünsten. In einem kleinen Topf aus etwas Spargelwasser, Butter, Mehl und Sauerrahm eine Soße zubereiten. Wenn Spargel und Erbsen weich sind, dazumischen, mit Zucker und Salz abschmecken.

Schmeckt gut zu gekochtem Schinken.

Spargel mit Eierschwammerl

Foto

500 g fein geschälter Spargel

Salz

50 g Butter

200 g Eierschwammerl

2 EL Butter

50 ml Weißwein

Saft von 1–2 Zitronen

2 Eidotter

100 ml Rinderbrühe

etwas gehackte Petersilie

1 Prise Muskat

Spargel in wenig leicht gesalzenem Wasser weich dünsten. Abtropfen lassen, dann in heißer Butter vorsichtig 2 Minuten schwenken und kranzförmig in eine Schüssel legen, warm stellen. Eierschwammerl in Butter dünsten und mit einer Schöpfkelle in die Mitte zwischen die Spargel legen. In den Pilzsaft Weißwein, Zitronensaft sowie die Rinderbrühe gießen, die Eidotter hinzufügen und mit etwas Petersilie und Muskat verrühren. Aufkochen und über die Pilze gießen.

Kürbisgemüse

1½ kg Kürbis (geschält und nudelig geschnitten oder gehobelt)

3 EL Weinessig

Salz

½ l saure Milch (Milch vom Bauern 3 Tage lang an einem warmen Ort stehen lassen, keine abgepackte Milch!)

1 Tomate

30 g Fett

30 g Mehl

3 EL fein gehackter Dill

1 TL fein gehackte Zwiebel

50 g Sauerrahm

1 Prise Paprika, edelsüß

Kürbis schälen, in grobe Stücke teilen und nudelig schneiden oder hobeln. Den Essig untermischen, salzen, ca. 20 Minuten ziehen lassen.

Danach ausdrücken und in einen hohen Topf geben, damit die Milch später nicht überschäumt. Die Sauermilch mit der geviertelten Tomate zugeben und alles mit geschlossenem Deckel bei mäßiger Hitze 15 Minuten kochen.

Aus Fett und Mehl eine helle Einbrenne zubereiten, Dill und Zwiebel dazugeben, mit etwas Wasser ablöschen und alles in das Kürbisgemüse einrühren. Nochmals aufkochen lassen, mit Rahm und Paprika verfeinern. Mit gutem Weinessig nach Geschmack nachsäuern.

Schmeckt sehr gut zu Koteletts, Faschiertem und Ente.

Gurkengemüse

2 große Gurken

50 g Butter

5 EL Wasser (oder Brühe)

2 EL Zitronensaft

Pfeffer

½ EL Zucker

Salz

Mehl zum Binden

200 g Sauerrahm

Gurken schälen und in fingerbreite Scheiben schneiden. Butter erhitzen, Gurkenscheiben darin ca. 15 Minuten weich dünsten, bis sie glasig sind. Wasser oder Brühe aufgießen, mit Zitronensaft und etwas Pfeffer, Zucker und Salz abschmecken, aufkochen lassen. Danach den zuvor mit etwas Mehl verrührten Sauerrahm dazugeben und aufkochen.

Schmackhaft zu faschiertem Braten (Hackbraten).

Rosenkohl mit Creme

1 kg Rosenkohl

Salz

50 g Fett

6 Eier

300 g Sauerrahm

Salz, Pfeffer

Muskat

1½ EL Mehl

*150 g geriebener Käse
(Gouda, Emmentaler, Chester
oder Schweizer Schmelzkäse)*

3 EL Semmelbrösel

Rosenkohl putzen, in Salzwasser weich kochen. Abtropfen lassen, in eine gut gefettete feuerfeste Schüssel legen. Eier schaumig rühren, den Sauerrahm dazugeben und mit Salz, Pfeffer und Muskat abschmecken. Das Mehl gut untermischen.

Diese Creme über Dampf unter ständigem Rühren dick einkochen. Käse zugeben und über den Rosenkohl gießen. Semmelbrösel in Butter bräunen und über die Creme streuen. In vorgeheiztem Bratrohr (190 °C) ca. 30 Minuten überbacken.

Sauerampfer-Gemüse

500 g Sauerampfer

kochendes Wasser zum Brühen

30 g Fett

30 g Mehl

*50 g durchwachsener
Räucherspeck oder Schwarte*

Salz

5 EL Sauerrahm

Sauerampfer verlesen und waschen. Mit kochendem Wasser überbrühen und fein hacken. Aus Fett und Mehl eine Einbrenne zubereiten, Sauerampfer dazugeben und gut verrühren. Mit 250 ml Wasser aufkochen lassen. Speck oder Schwarte dazugeben und mitkochen. Salzen, mit Sauerrahm verfeinern.

Gute Beilage insbesondere zu gekochtem Rindfleisch.

Spinatauflauf

500 g frischen Spinat

1 altbackene Semmel

1 EL Butterschmalz

5 Eier

8 EL Sauerrahm

½ TL Salz

frisch geriebenen Muskat

*etwas Butter für die
Auflaufform*

Semmelbrösel

1–2 EL Butter zum Begießen

Den Spinat verlesen und waschen, blanchieren und abschrecken. Inzwischen die altbackene Semmel entrinden und zerrieben in Butterschmalz schön goldgelb rösten. In eine Schüssel geben, abkühlen lassen und 5 Eidotter, Sauerrahm, den frisch gehackten Spinat und das Salz dazugeben und alles gut vermengen. Gut die Hälfte der Eiklarmasse zu steifen Schnee schlagen und unter die Spinatmasse heben. Mit Muskat kräftig würzen und in eine leicht gefettete Auflaufform geben.

Bei 190° C in etwa 30 Minuten backen. Mit Semmelbrösel bestreuen und mit heißer frischer Butter begießen und servieren.

Paradeis-Kraut

1 großer Weißkohl
kochendes Wasser zum Brühen
1/2 l Tomatensaft
30 g Fett
30 g Mehl
1 kleine Zwiebel

Zucker, Salz
1 TL Zitronensaft

Kraut hobeln, in etwas kochendes Wasser geben, Tomatensaft hinzufügen und zugedeckt kochen. Aus Fett und Mehl eine Einbrenne zubereiten, fein gehackte Zwiebel einrühren, anbräunen und mit kaltem Wasser ablöschen, zum Kraut dazugeben. Mit Zucker, Salz und Zitronensaft abschmecken.

Paradeis-Kraut passt zu faschiertem Fleisch und Schweinebraten.

Mehlspeisen, Kartoffel- und Teigwaren

– Buchteln/Rezept S. 102 –

Buchteln

Foto S. 101

20 g Hefe
125 ml lauwarme Milch
50 g Zucker
70 g Butter
2 Eidotter
250 g Mehl
flüssige Butter zum
Eintauchen und für die Form

Die Hefe in 2 EL Milch mit 2 TL Zucker auflösen. Die Butter mit dem restlichen Zucker und den Eidottern schaumig rühren. Mit der Hefe, der restlichen Milch und dem Mehl zu einem glatten Teig abschlagen. Die Schüssel mit einem Tuch abdecken und den Teig an einem warmen Ort aufgehen lassen, bis er etwa das doppelte Volumen erreicht hat. Noch einmal durchkneten, dann auf bemehlter Arbeitsfläche ca. 2 cm dick auswalken und in 5 x 7 cm große Vierecke schneiden. In die Mitte 1 TL Füllung geben, zusammenklappen, gut schließen, leicht in flüssige Butter tauchen und nochmals aufgehen lassen. In eine gefettete Bratreine geben und im vorgeheizten Ofen bei 180 °C in 35 Minuten goldgelb backen.

Variationen für die Füllung:

1. 250 g Zwetschgenmus oder passierte Datteln mit etwas Zucker, etwas abgeriebener Zitronenschale und -saft und 1 Prise Zimt vermischen.
2. 150 g passierten Topfen, 1 Eidotter, 1 EL Butter, 1 EL Zucker, 1 EL Weinbeeren und 1 Prise Zitronenschale gut verrühren.
3. 150 g fein gemahlenen Mohn in 250 ml Milch gut durchkochen. Mit Zucker oder Honig, Zimt und abgeriebener Zitronenschale würzen.
4. 150 g gemahlene Haselnüsse in 125 ml Milch aufkochen, 2 EL Zucker, 1 Prise Zimt und abgeriebene Zitronenschale untermengen.

Böhmische Dalkerl

Foto

Rezeptvariante 1:
500 g Mehl
½ l lauwarme Milch
20 g Hefe
50 g Zucker
50 g zerlassene Butter
2 Eier, getrennt
1 Eidotter
½ TL Salz
Fett zum Ausbacken
Powidl zum Füllen
Puderzucker zum Besieben
Dalkerlpfanne

Das Mehl in eine Schüssel sieben und in die Mitte eine Vertiefung drücken. Von der Milch 3–4 EL abnehmen und in einer Tasse die Hefe mit 2 TL Zucker darin auflösen. In die Mehlmulde gießen. Mit restlicher Milch und restlichem Zucker, Butter, Eidottern und Salz zu einem ziemlich dünnen Teig abschlagen. Die Eiklar zu Schnee schlagen und unterziehen. Die Schüssel mit einem Tuch abdecken und den Teig an einem warmen Ort aufgehen lassen. In der Dalkerlpfanne je 1 TL flüssiges Fett erhitzen. Den Teig einfüllen und auf beiden Seiten goldgelb ausbacken. Auf Küchenpapier abtropfen lassen. Je zwei Dalkerl etwas aushöhlen und mit Powidl zusammensetzen. Noch warm mit Puderzucker besieben und sogleich servieren.

Rezeptvariante 2:

375 ml Rahm

150 g Mehl

70 g Zucker

6 Eier, getrennt

1 Prise Salz

Fett zum Ausbacken

200 g Marmelade

40 g Puderzucker zum Besieben

Dalkerlpfanne

Den Rahm mit dem Mehl gut verquirlen. Den Zucker, die Eidotter und das Salz gut unterrühren, zuletzt die zu Schnee geschlagenen Eiklar unterheben. In der Dalkerlpfanne 1 TL Fett erhitzen. 1 EL Teig einfüllen und beidseitig goldgelb

backen. Auf Küchenpapier abtropfen lassen. So fortfahren, bis der Teig verbraucht ist. Die Dalkerl mit Marmelade füllen und mit Puderzucker besieben. Noch warm servieren.

Liwanzen

500 g Mehl

½ l lauwarme Milch

30 g Hefe

2 EL Zucker

1 Prise Salz

2 Eier

1 EL zerlassene Butter

abgeriebene Schale von ½ unbehandelten Zitrone

Fett zum Ausbacken

Zucker und Zimt zum Bestreuen

Liwanzenpfanne

Mehl in eine Schüssel sieben und in die Mitte eine Vertiefung drücken. Von der Milch 2–3 EL abnehmen und darin in einer Tasse die Hefe mit 2 TL Zucker auflösen. Anschließend in die Mehlmulde

gießen und mit etwas Mehl vermischen. Die Schüssel mit einem Tuch abdecken und das Dampferl an einem warmen Ort 15 Minuten gehen lassen. Dann die restlichen Zutaten zugeben und alles zusammen gut abschlagen, bis sich der Teig vom Schüsselrand löst. Erneut zudecken und aufgehen lassen, bis der Teig etwa das Doppelte seines Volumens erreicht hat. Das Fett in einer Liwanzenpfanne erhitzen. Den Teig noch einmal durchkneten. Pro Vertiefung 2 EL Teig einfüllen und die Liwanzen auf beiden

Seiten hellgelb backen. Noch warm mit Zucker und Zimt bestreuen.

Nach Belieben können auch je 2 Liwanzen mit Powidl, einem Beerenkompott oder Konfitüre zusammengesetzt werden.

Egerer Mohnkuchen

500 g Mehl

42 g frische Hefe

120 ml Milch

25 g Butter

2 EL Zucker

2 Eier

Salz

abgeriebene Schale von ½ unbehandelten Zitrone

Mehl für die Arbeitsfläche

Butter für das Blech

Für den Mohnbelag:

½ l Milch

3 EL Zucker

3 EL Honig

30 g Butter

500 g fein gemahlenen Mohn

70–80 g Rosinen
abgeriebene Schale von
½ unbehandelten Zitrone

Zum Bestreuen:
100 g abgezogene, geriebene
Mandeln
100 g Zucker

Das Mehl in eine Schüssel sieben und in die Mitte eine Vertiefung drücken. Die Hefe in der etwas erwärmten Milch auflösen und hineingeben. Das Dampferl zugedeckt aufgehen lassen. Die Butter mit dem Zucker schaumig rühren, einzeln die Eier dazugeben, ebenso 1 Prise Salz und die Zitronenschale. Mit dem Mehl gut durcharbeiten, auf der bemehlten Arbeitsfläche auswalken, auf das gebutterte Backblech legen und gut aufgehen lassen.

Inzwischen für den Belag die Milch mit Zucker, Honig und Butter zum Kochen bringen. Den Mohn hineinrühren und ein paar Mal aufquellen lassen. Rosinen und Zitronenschale dazugeben, danach auskühlen lassen. Gleichmäßig auf den Teig streichen, mit der Mischung aus Mandeln und Zucker bestreuen und im vorgeheizten Backofen bei 180 °C gut 30 Minuten backen. Noch lauwarm mit einem scharfen Messer in Vierecke schneiden.

Franzensbader Mandelkipferl

250 g Mehl
20 g frische Hefe
3–4 EL lauwarme Milch
30 g Butter, 2 EL Zucker
2 Eidotter
2 EL Sauerrahm
abgeriebene Schale von
½ unbehandelten Zitrone

1 Prise Salz
1 Ei zum Bestreichen
100 g abgezogene, geriebene
Mandeln, 2 EL Zucker

Das Mehl in eine Schüssel sieben und in die Mitte eine Vertiefung drücken. Die Hefe in der Milch auflösen und hineingeben. Mit etwas Mehl vermengen und das Dampferl zugedeckt aufgehen lassen. Die

Butter mit dem Zucker schaumig rühren, einzeln die Eidotter dazugeben, ebenso Sauerrahm, Zitronenschale und Salz. Teig schön glatt durcharbeiten. Zugedeckt bis zu doppelter Größe aufgehen lassen. Nochmals durchkneten, dünn auswalken und in 10 x 10 cm große Quadrate schneiden. Diese mit dem verquirlten Ei bestreichen, mit etwas Zucker bestreuen. Von den Ecken her zu Kipferl aufrollen. Nochmals gehen lassen. Wieder mit verquirltem Ei bestreichen, mit der Mandel-Zucker-Mischung bestreuen und im vorgeheizten Backofen bei 175 °C in ca. 30 Minuten hellgelb backen.

Kolatschen mit Mohn

500 g Mehl

40 g frische Hefe

100 ml Milch

1 EL Zucker

50 g Butter

6 Eier, getrennt

1 Prise Salz

abgeriebene Schale von
¹/₂ unbehandelten Zitrone

Mehl für die Arbeitsfläche

Butter für das Blech

Für die Füllung:

125 ml Milch

3 EL Honig

3 EL Zucker

300 g fein gemahlener Mohn

30 g Butter

1 Prise Zimt

2 EL fein gewiegtes Orangeat

Zum Bestreuen:

100 g geschälte, geriebene
Mandeln

Puderzucker

Das Mehl in eine Schüssel sieben und in die Mitte eine Vertiefung drücken. Die Hefe in der etwas erwärmten Milch mit 1 TL Zucker auflösen und hineingeben. Mit etwas Mehl vermengen und das Dampferl zugedeckt aufgehen lassen. Die Butter mit dem restlichen Zucker schaumig rühren, einzeln die Eidotter, Salz und Zitronenschale cremig dazurühren. Mit dem Mehl zu einem glatten Teig abarbeiten. Die Eiklar zu steifem Schnee schlagen und Zweidrittel davon in den Teig einarbeiten. Mit dem Kochlöffel kräftig abschlagen, bis er sich vom Schüsselrand löst. An einem warmen Ort bis zum doppelten Volumen aufgehen lassen. Inzwischen für die Füllung die Milch mit Honig, Zucker und Mohn

unter ständigem Rühren aufkochen lassen. Butter, Zimt und Orangeat dazurühren. Die Fülle soll ziemlich fest sein, auskühlen lassen. Danach den Teig auf der bemehlten Arbeitsfläche gut fingerdick auswalken, mit einem scharfen Messer Quadrate von 8–10 cm ausschneiden. In die Mitte ein Häufchen Mohnfüllung geben, dieses etwas flach drücken und die vier Teigspitzen darüber »verknüpfen«. Mit dem restlichen Eischnee bestreichen, mit Mandeln bestreuen. Das Backblech einfetten, die Kolatschen darauf setzen und nochmals 20 Minuten gehen lassen. Im vorgeheizten Backofen bei 180 °C in ca. 20 Minuten hellgelb backen. Mit Puderzucker bestreuen.

Hefeobstkuchen

140 g Butter

5 Eidotter

1 Ei

500 g Mehl

6 EL Milch

20 g frische Hefe

2 TL Zucker

etwas abgeriebene Schale
einer unbehandelten Zitrone

1 EL Rum

1 Prise Salz, 1 EL Zucker

Mehl für die Arbeitsfläche

Butter für das Blech

Für die Füllung:

Aprikosen (es eignen sich alle
Obstsorten, außer Beeren)

Für den Belag:

2–3 Eier

etwas Zucker

Zum Bestreuen Zucker und
geraspelte Mandeln

Die Butter mit den Eidottern und dem ganzen Ei schaumig rühren. Das Mehl in eine Schüssel sieben, in die Mitte eine Vertiefung drücken. Von der Milch 2 EL abnehmen und darin in einer Tasse die Hefe mit 2 TL Zucker auflösen, anschließend in die Mehlmulde geben. Mit etwas Mehl bestreuen, die Schüssel mit einem Tuch abdecken und das Dampferl an einem warmen Ort aufgehen lassen. Die Schaummasse und die restlichen Zutaten mit evtl. noch etwas lauwarmer Milch zugeben und gut abschlagen, bis sich der Teig vom Schüsselrand löst. Erneut aufgehen lassen, bis der Teig etwa das doppelte Volumen erreicht hat. Noch einmal durchkneten, teilen und separat jeweils so groß wie das Backblech auswalken. Das Blech gut einfetten, mit einer Teigplatte belegen, die gut abgetropften Früchte gleichmäßig darauf verteilen. Mit der zweiten Teigplatte abdecken, nochmals 30 Minuten gehen lassen.

Für den Belag das steif geschlagene Eiklar mit dem Zucker vermischen und den Kuchen damit bestreichen. Mit Zucker und geraspelten Mandeln bestreuen und im vorgeheizten Ofen bei 200 °C ca. 35 Minuten backen.

Mehlspeisen

Powidltascherln

250 g Mehl

2 Eier

½ TL Salz

1 EL lauwarmes Wasser

Powidl

**Schweineschmalz zum
Schwenken**

*Zucker und Zimt zum
Bestreuen*

Das Mehl auf ein Nudelbrett sieben
und in die Mitte eine Vertiefung
drücken. Die Eier mit dem Salz verrühren und 5 Minuten stehen lassen, damit die Farbe intensiver
wird. In die Vertiefung gießen, unter

das Mehl rühren, dabei von der
Mitte zum Rand hin arbeiten. Nach
und nach das Wasser hinzufügen.
Mit beiden Händen einen glatten
und glänzenden Teig kneten. Er
darf nicht kleben, sondern muss
fest und zäh sein. Bei Bedarf noch
etwas Mehl dazugeben, rund formen und 30 Minuten, mit einem

Topf zugedeckt, ruhen lassen. Danach Teig ganz dünn ausrollen, in Quadrate mit 6–8 cm Kantenlänge schneiden oder mit einem gezackten Krapfenstecher oder einem runden Ausstecher mit 6–8 cm Durchmesser Kreise ausstechen. In die Mitte jedes Teigflecks 1 TL festen Powidl setzen und zu Dreiecken bzw. Halbkreisen zusammenschlagen, die Ränder gut zusammendrücken. In leicht gesalzenes, kochendes Wasser einlegen und ziehen lassen, bis sie aufsteigen. Mit einem Schaumlöffel herausheben, kalt abschrecken und abtropfen lassen. In einer Pfanne reichlich Schmalz erhitzen und die Tascherln vorsichtig durchschwenken. Mit Zucker und Zimt bestreuen.

Zitronenkoch

6 EL Zucker
6 Eier, getrennt
2 gestr. EL Mehl
abgeriebene Schale und Saft
von ½ unbehandelten Zitrone

Zucker und Eidotter gut schaumig rühren, Mehl, Zitronenschale und -saft unterrühren. Zuletzt den sehr steif geschlagenen Eischnee unterheben und in eine leicht gefettete und bemehlte Puddingform geben. Im vorgeheizten Ofen bei 190 °C ca. 30 Minuten backen. Falls der Koch zu dunkel werden sollte, mit Pergamentpapier abdecken. Nicht erschrecken, wenn er oben aufreißt – das soll so sein. Den fertigen Koch auf eine vorgewärmte Schüssel stürzen und mit Weinchadeau übergießen.

Franzensbader Krachkuchen

Foto

125 g Mehl
125 g Butter
125 g Zucker

1 Eidotter
etwas abgeriebene Schale
einer unbehandelten Zitrone
Butter für das Blech
2 Eidotter zum Bestreichen
100 g abgezogene, fein
geriebene Mandeln
50 g Puderzucker

Auf dem Nudelbrett Mehl, Butter, Zucker, Eidotter und die Zitronen-

schale zu einem glatten Teig verarbeiten, auswalken. Auf das gebutterte Backblech legen und mit
den 2 Eidottern bestreichen. Mit
der Mandel-Puderzucker-Mischung
überstreuen. Im vorgeheizten
Backofen bei 190 °C in ca. 30 Minuten hellgelb backen. Noch warm
in Stücke schneiden.

Böhmischer Zwetschgenkuchen

250 g Butter

250 g Zucker

4 Eier

2 Msp. Backpulver

250 g Mehl

500–600 g reife Zwetschgen

Butter für die Form

Puderzucker, 1 Prise Zimt

Butter mit Zucker schaumig verrühren, Eier nach und nach dazumischen und 10 Minuten gut
rühren, bis sich eine cremige Masse
gebildet hat. Backpulver mit dem
Mehl vermischen, zur Masse
dazusieben und gut verrühren.
Eine Springform gut ausfetten
und den Teig einstreichen. Zwetschgen entsteinen, halbieren
oder vierteln, mit der Hautseite
nach unten auf dem Teig verteilen.
Im vorgeheizten Backofen bei
190 °C ca. 45 Minuten backen.
Leicht auskühlen lassen, mit
Puderzucker und Zimt bestreuen.
Mit einem scharfen Messer in
Tortenstücke schneiden.

Aprikosenkuchen

5 Eidotter
4 EL Zucker
30 g Butter
4 EL Mehl
3 Msp. Backpulver
3 EL Milch
1 Eiklar
Butter und Mehl für die Form

Für den Belag:
130 g getrocknete Aprikosen
3 EL Puderzucker
1 Päckchen Vanillinzucker

Für den Guss:
4 Eiklar
4 EL Puderzucker
1 Päckchen Vanillinzucker

Für den Belag die Aprikosen am Vorabend in etwas Wasser einweichen. Am nächsten Tag mit Zucker und Vanillinzucker so lange kochen, bis fast die ganze Flüssigkeit verdampft ist. Dann die Eidotter mit dem Zucker und der etwas erwärmten Butter schaumig rühren. Mehl mit dem Backpulver mischen und gesiebt zum Teig geben. Mit der Milch schön glatt rühren. Zu-

letzt das steif geschlagene Eiklar gut unterheben. Eine Springform ausfetten und -mehlen und den Teig hineinfüllen. Die Aprikosenmasse gleichmäßig darauf verteilen. Im vorgeheizten Backofen bei 180 °C 30 Minuten backen. Inzwischen für den Guss das Eiklar mit dem Puder- und Vanillinzucker schaumig rühren, gleichmäßig über die Aprikosen verteilen und den Kuchen nochmals für 8–10 Minuten backen, bis die Oberfläche leicht gebräunt ist.
Den Aprikosenkuchen können sie warm oder kalt servieren.

Prager Guglhupf

125 g Butter

250 g Zucker

1 Päckchen Vanillinzucker

4 Eier, getrennt

500 g Mehl

1 Päckchen Backpulver

200 ml Milch

abgeriebene Schale von

¹/₂ unbehandelten Zitrone

Butter und feine Semmel-
brösel für die Form

Puderzucker zum Bestreuen

Die Butter mit dem Zucker und
Vanillinzucker schaumig rühren.
Einzeln die Eidotter unterrühren, bis
eine cremige Masse entsteht. Das
Mehl mit dem Backpulver mischen,
nach und nach dazurühren, ebenso
die Milch und die Zitronenschale.
Zuletzt das steif geschlagene Eiklar
unterheben. Guglhupfform ausfetten, mit den Semmelbröseln bestreuen, den Teig einfüllen und
glatt streichen. Im vorgeheizten
Backofen bei 180 °C ca. 45 Minuten
backen. Aus der Form lösen, auf
eine Platte stürzen und noch
lauwarm dick mit Puderzucker
bestreuen.

Kolatschen aus Karlsbad

140 g Butter
140 g Butterschmalz
9 Eier, getrennt
8 EL Sauerrahm
500 g Mehl
40 g frische Hefe
20 g Zucker
1 Prise Salz
300 g Puderzucker
Backpapier
Weichselmarmelade

Zum Bestreuen:
100 g abgezogene, geriebene Mandeln
100 g Zucker

Butter und Butterschmalz schaumig rühren, einzeln die Eidotter dazugeben, dann Schmetten, Mehl, fein zerbröckelte Hefe, Zucker und Salz. Den Teig glatt rühren, danach ca. 45 Minuten gehen lassen. Inzwischen Eiklar mit Puderzucker zu dickem Schnee schlagen und beiseite stellen.

Das Backblech mit Backpapier auslegen. Darauf vom Teig walnussgroße runde Häufchen setzen, mit dem Finger eine Vertiefung hineindrücken. In diese etwas Marmelade geben, den Teig darüber vorsichtig schließen, damit keine Konfitüre austritt. Darauf einen TL von dem Schnee geben, nicht über die Kolatschen hinauslaufen lassen. Etwas von der Zucker-Mandel-Mischung darauf streuen und im vorgeheiz-

ten Backofen bei 180 °C in 15–18 Minuten hellgelb backen.

Tip: Wenn es mit dem Verteilen des Teiges leichter gehen soll, diesen zu einer zweifingerdicken Rolle formen und in 2 cm breite Stücke schneiden. Dadurch werden die Kolatschen auch gleichmäßiger.

Prager Apfelküchlein

8 schöne, große Kochäpfel
2 EL Zucker
2 EL Arrak oder Rum
Butterschmalz zum Ausbacken
Puder- oder mit Zimt gemischter Zucker zum Besieben

Für den Brandteig
1/8 l guter Weißwein
1 EL Zucker
1 Prise Salz
1 EL Butter
120 g Mehl
3 Eidotter

Die Äpfel schälen und die Kerngehäuse vorsichtig ausstechen. Die Äpfel in nicht zu dünne Scheiben schneiden, mit dem Zucker bestreuen und mit Arrak oder Rum beträufeln. 30 Minuten stehen lassen und einige Male wenden.

Für den Brandteig den Wein mit dem Zucker, Salz und Butter aufkochen. Das Mehl auf einmal hineinschütten und rühren, bis sich der Teig als Kloß vom Boden löst und

auf dem Topfboden eine weiße Schicht hinterläßt. Trotzdem muß er eher dickreißend vom Löffel fallen. Vom Herd nehmen, abkühlen lassen und die Dotter einzeln nacheinander einrühren.

Die Apfelringe in den Teig tauchen. Reichlich Butterschmalz in einer tiefen Pfanne erhitzen und die Apfelringe darin nicht zu schnell auf beiden Seiten ausbacken. Auf Küchenpapier kurz abtropfen lassen. Noch heiß mit Puder- oder Zimtzucker besieben und sogleich servieren.

Semmelkoch

5 altbackene Semmeln

½ l Milch

60 g Butter

100 g Zucker

5 Eier, getrennt

50 g geriebene Mandeln

1 Tropfen Bittermandelöl

Butter für die Form

Die Semmeln feinblättrig schneiden, mit der Milch übergießen und darin aufweichen lassen. In einer schweren Pfanne 20 g Butter erhitzen, die ausgedrückten Semmeln hineingeben und unter Rühren etwas trocknen lassen. Die Masse soll dick und musartig sein. Die übrige Butter schaumig rühren. 50 g Zucker abwechselnd mit den Dottern unterrühren. Die Mandeln und das Bittermandelöl dazugeben, ebenso die Semmelmasse und alles gut vermischen. Zuletzt die mit dem restlichen Zucker zu Schnee geschlagenen Eiklar unterheben. Eine feuerfeste Form gut ausfetten. Die Semmelmasse einfüllen und glatt streichen. Im vorgeheizten Backofen bei 180 °C in ca. 45 Minuten goldgelb backen.

Mit Himbeergelee servieren.

Nachspeisen

Zitronenpudding

80 g Zucker

1 Ei, getrennt

35 g Kartoffelmehl

Saft von 1 Zitrone

250 ml Wasser

Himbeersaft als Zugabe

Zucker und Eidotter schaumig rühren. Kartoffelmehl, Zitronensaft und Wasser dazugeben und bei schwacher Hitze immer rührend aufkochen. Den Pudding von der Kochstelle ziehen und das zu steifem Schnee geschlagene Eiklar unterheben. Mit Himbeersaft servieren.

Karamellcreme

Foto

100 g Zucker

500 g Rahm

3 Eidotter

1 TL Mehl

3 EL Milch

Zucker in ein Pfännchen geben, mit ein paar Tropfen Wasser bespritzen und unter ständigem Rühren zimtbraun rösten. Den Rahm dazugeben und wieder unter Rühren aufkochen lassen, bis der Zucker gelöst ist. Dabei aufpassen, dass nichts überkocht. In einem hohen Topf die Eidotter

mit Mehl und Milch verrühren, dann langsam in den heißen Karamellrahm einrühren. Auf die Kochstelle setzen und nochmals erhitzen, aber nicht kochen. Dabei

ständig rühren, bis die Creme schön dick ist. In Gläser füllen, und nach Belieben mit etwas geschlagener Sahne verzieren. Kalt stellen und mit Gebäck servieren.

Gesulzte Kastaniencreme

500 g schöne Esskastanien
1 Vanilleschote
250 g Zucker

75 g Rosinen
100 g dünn geschnittenen Quittenkäse*
(s. Anm. S. 119)
2 EL Maraschino
20 g Gelatine (10 Blatt)
200 g Rahm

Für die Schokoladensoße:
100 g Milchschokolade
100 g Zucker (extra fein)
100 g Rahm

Die Kastanien in ca. 20 Minuten weich kochen. Auskühlen lassen, in der Mitte durchschneiden und mit einem Teelöffel das Mark herauskratzen. Danach durch ein Sieb passieren, damit alle Häutchen-Reste entfernt werden.
Die Vanilleschote aufschneiden, das Mark herauskratzen und mit 5 EL Wasser und dem Zucker aufkochen. In diesen Sirup die Kastanienmasse geben, außerdem Rosinen, Quittenkäse (s. Anm.) und Maraschino. Die Gelatine in 2 EL Wasser auflösen, erhitzen und zur Kastanienmasse rühren. Ausgekühlt den steif geschlagenen Rahm untermengen. Creme in eine mit kaltem Wasser ausgespülte Puddingform füllen und im Kühlschrank »sulzen« (gelieren) lassen. Danach vorsichtig auf eine schöne Platte stürzen und mit der Schokoladensoße servieren.

Für die Soße die Schokolade in einem Schälchen etwas im Ofen erweichen. Den Zucker mit 3–4 EL Wasser aufkochen und mit der weichen Schokolade glatt rühren. Ausgekühlt den steif geschlagenen Rahm untermengen. Diese dickflüssige Soße ebenfalls zum Kaltwerden in den Kühlschrank stellen.

Schaumeier auf Creme

5 Eier

250 g Zucker

1 EL Mehl

350 ml guter Weißwein

150 g Puderzucker

1 Päckchen Vanillinzucker

2 Eier trennen. Die Eidotter mit 3 ganzen Eiern und dem Zucker schaumig rühren. Mehl dazugeben, weiterrühren, bis die Masse dick ist.

Den Wein erhitzen, von der Herdplatte nehmen, dann langsam und ständig rührend die Schaummasse dazugeben. Wieder auf die Kochstelle setzen, unter Rühren erneut zum Kochen bringen und einmal aufwallen lassen, dann zum Abkühlen von der Kochstelle ziehen.

Inzwischen 2 Eiklar mit Puderzucker und Vanillinzucker steif schlagen. Die abgekühlte Creme in eine feuerfeste Form füllen, von der Eischaummasse mit dem Löffel kleine eiförmige Häufchen obenauf setzen. Im vorgeheizten Ofen bei 200 °C überbacken, bis die Schaumeier eine gelbliche Farbe angenommen haben.

Anm.: Quittenkäse ist ein stark eingedicktes Quittenmus, wobei in gleichen Mengen gekochte Quitten und Zucker vermischt werden. Stattdessen können Sie auch gelierte Früchte wie z. B. Aprikosen verwenden.

Gestürzte Himbeercreme

Foto

130 g Zucker

6 Eidotter

500 g Himbeeren

35 g Gelatine (ca. 14 Blätter)

3 EL Wasser

250 g Rahm

Butter für die Form

Zucker mit den Eidottern schaumig rühren. Die Himbeeren durch ein Sieb passieren. Gelatine im Wasser einweichen, unter Rühren erhitzen und zum Himbeermus geben. Zur Eischaummasse geben und alles verrühren.

Den Rahm steif schlagen und unter die Masse heben. Eine schöne Schüssel gut ausfetten und die Creme hineingießen. Über Nacht in den Kühlschrank stellen. Am nächsten Tag die Schüssel kurz in heißes Wasser halten und die Creme auf eine Glasplatte stürzen.

Rezeptregister

A

Apfelküchlein, Prager 114
Aprikosenkuchen 112

B

Béchamelhuhn 70
Beuscherl 53
Bierfleisch, böhmisches 51
Bierteig, Hühnerfleisch in 69
Biskuitroulade mit Hirnfüllung 35
Böhmische Dalkerl 102

Böhmische Erdäpfelsuppe 24
Böhmische Kraftsuppe 18
Böhmische Röllchen 89
Böhmische Serviettenknödel 89
Böhmische Specklinsen 83
Böhmischer Zwetschgen-
   kuchen 111
Böhmisches Bierfleisch 51
Böhmisches Rotkraut 94
Bohnen, weiße 83

Bratenreste-Suppe 18
Buchteln 102
Butternockerl 30

D

Dalkerl, böhmische 102

E

Egerer Mohnkuchen 104
Eierschwammerl, Spargel mit 95
Eingebrannte Kalbfleischsuppe 18
Ente, gebratene 66
Erbsen, Spargel mit 95
Erdäpfel, Paradeis- 85
Erdäpfelbällchen 27
Erdäpfelgemüse, saures 84
Erdäpfelknödel 86
Erdäpfelsuppe, böhmische 24

F

Fasan, Rahm- 73
Faschierte Gansbrust 65

Fastensuppe, venezianische 22
Fische in Weinteig 59
Fisch-Ragout 60
Fleischstrudel-Suppe 17
Forelle in Butter mit Mandel-
   splittern 59
Forelle mit Champignons 59
Franzensbader Krachkuchen 110
Franzensbader Mandelkipferl 105

G

Gans, gefüllte 63
Gansbrust, faschierte 65
Ganskragen, gefüllter 66
Gebackene Käsekrapfen 34
Gebackene Tauben 63
Gebackener Karpfen 56
Gebackenes Hühnerfleisch in
   Bierteig 69
Gebratene Ente 66
Gebratene Wildente
   mit Weichseln 74

Gebratener Truthahn 68
Gedämpfter Karpfen 56
Gedämpftes Rinderfilet 42
Gefüllte Gans 63
Gefüllte Paprika auf
    böhmische Art 48

Gefüllte Tauben 63
Gefüllter Ganskragen 66
Gefüllter Karpfen 56
Gefüllter Schweinebauch 52
Gefülltes Kalbsherz 48
Gehackte Kalbskoteletts 47
Gekochter Kopfsalat 93
Geschichteter Reis 71
Geselchtes mit Reis 52
Gespickter Hecht
    auf böhmische Art 61
Gestürzte Himbeercreme
    119
Gesulzte Kastaniencreme
    118
Goldapfelsuppe 15
Götzenknödel 85
Guglhupf, Prager 113
Gurkengemüse 97

H

Hase faschiert 78
Hase in Wein 78
Hasenpastete 80
Hasenscheiben mit Zitrone 77
Hecht auf böhmische Art,
    gespickter 61
Hefeobstkuchen 107
Himbeercreme, gestürzte 119

Hirnfüllung, Biskuitroulade mit
    35
Hirnroulade 29
Huhn auf Marengo-Art 68
Huhn, Béchamel- 70
Hühnerfleisch in Bierteig 69
Hühnerfrikassee 70
Hühnerragout 70

K

Kaiserschöberl 30
Kalbfleischknödelchen 29
Kalbfleischsuppe, eingebrannte 18
Kalbsfaschiertes mit Reis 47
Kalbsherz, gefülltes 48
Kalbskoteletts, gehackte 47
Kalbsnieren, Sedam- 46

Kalbsschnitzel mit Schinken 42
Kalbsschnitzel, Schwalbennester
    45
Kalbszunge polnisch 47
Karamellcreme 117
Karpfen, gebackener 56
Karpfen, gedämpfter 56
Karpfen, gefüllter 56

Karpfen, Schicht- 58
Kartoffelkrapfen 33
Käsekrapfen, gebackene 34
Käsesuppe 25
Kastaniencreme, gesulzte 118
Koch, Semmel- 115
Koch, Zitronen- 110
Kohl-Suppe, russische 21
Kolatschen aus Karlsbad 114
Kolatschen mit Mohn 106
Kopfsalat, gekochter 93
Krachkuchen, Franzensbader 110
Kraftsuppe, böhmische 18
Kraftsuppe, leimhaltige 18
Kraut, Paradeis- 99
Krautsuppe mit Geräuchertem
    20
Krauttascherln 86
Kürbisgemüse 96
Kuttelfleck-Suppe 22

Liwanzen 103
Lungenbraten auf böhmische Art
    42
Lungentaschen 38

M
Mandelkipferl, Franzensbader
    105
Meridon 90
Mohnkuchen, Egerer 104

O
Obstkuchen, Hefe- 107

P
Palatschinken, Pilz- 36
Paprika auf böhmische Art,
    gefüllte 48
Paradeis-Erdäpfel 85
Paradeis-Kraut 99
Pilz-Palatschinken 36
Pilzroulade 34
Powidltascherln 109
Prager Apfelküchlein 114
Prager Guglhupf 113
Pudding, Zitronen- 117

L
Lebernockerl 28
Leimhaltige Kraftsuppe 18
Linsen, böhmische Speck- 83

R
Rahmfasan 73
Rehschlegel mit Orangensoße
    76
Reis, geschichteter 71
Reis, Geselchtes mit 52
Reis, Kalbsfaschiertes mit 47
Rinderfilet, gedämpftes 42
Rinderfilet-Suppe 17
Risolen 39
Röllchen, böhmische 89

Rosenkohl mit Creme 98
Rotkraut, böhmisches 94
Rouladen mit Ei-Hackfleisch-
    Füllung 49
Russische Kohl-Suppe 21

S
Sauerampfer-Gemüse 98
Saures Erdäpfelgemüse 84
Schaumeier auf Creme
    119
Schicht-Karpfen 58
Schinkenfleckerl 91
Schinkenkipferl 37

Schinken-Topfen-Bombe 91
Schnitzel Villeroy 45
Schwalbennester 45
Schweinebauch, gefüllter 52
Schweinesülze 52
Sedam-Kalbsnieren 46
Semmelkoch 115
Serviettenknödel, böhmische
    89
Spargel mit Eierschwammerl
    95
Spargel mit Erbsen 95
Specklinsen, böhmische 83
Spinatauflauf 98
Stör mit Rahm und Zitrone 55

T

Tauben, gebackene 63
Tauben, gefüllte 63

Topfen, Schinken-Topfen-
    Bombe 91
Truthahn, gebratener 68

V

Venezianische Fastensuppe 22

W

Weichselsuppe 25
Weiße Bohnen 83
Wildente mit Weichseln,
    gebratene 74
Wildkroketten 80
Wildpastete 80
Wildschweinschinken mit
    Hagebuttensoße 75
Würzfleisch 41

Z

Zitronenkoch 110
Zitronenpudding 117
Zwetschgenkuchen,
    böhmischer 111

Glossar

Beuscherl	Lunge
Dampferl	Hefe-Vorteig
Eidotter	Eigelb
Eiklar	Eiweiß
Eischwammerl	Reherl/Pfifferlinge
Erdäpfel	Kartoffeln
Faschieren	durch den Fleischwolf drehen
Faschiertes Fleisch	Hackfleisch
Fisolen	Bohnen
Gansbrust	Gänsebrust
Ganskragen	Gänsehals
Gelbe Rübe	Möhre
Grammeln	Grieben
Kastanien	Esskastanien, Maronen
Kren	Meerrettich
Meridon	Pudding
Paradeiser	Tomaten
Passieren	Durch ein Sieb drücken
Powidl	Zwetschgenmus
Rahm	Sahne
Reindl	Bratreine
Ribisel	Johannisbeeren
Rote Rübe	Rote Bete
Schmetten	Schmand, ersatzweise Sauerrahm
Selchen (Geselchtes)	Räuchern (Geräuchertes)
Semmel	Brötchen
Semmelbrösel	Paniermehl
Staubzucker	Puderzucker
Topfen	Quark
Weichseln	Sauerkirschen

Alle Rezepte sind für 4–6 Personen berechnet (je nach Appetit)!

Die Deutsche Bibliothek – CIP-Einheitsaufnahme

Mayer-Bahl, Eva:
Böhmische Küche / Eva Mayer-Bahl. –
München ; Wien ; Zürich : BLV, 2000
   ISBN 3-405-15533-9

BLV Verlagsgesellschaft mbH
München Wien Zürich
80797 München

Fotos: Milan Janata

Einbandgestaltung: Studio Schübel, München
Einbandfotos: Vorderseite: Christian Teubner
Rückseite: l.o.: GUSTO / Das Foto; l.u. + re.: StockFood / S. & P. Eising

Lektorat: Gudrun Ruoff
Herstellung: Hermann Maxant
DTP: Satz + Layout Peter Fruth GmbH
Druck und Bindung: Mohndruck Graphische Betriebe GmbH, Gütersloh

Printed in Germany · ISBN 3-405-15533-9

Gaumenfreuden für Genießer.

Eva Mayer-Bahl
Nockerl, Knödel, Schmarrn & Strudel
Die zarte Verführung für Schlemmer: eine einzigartige Sammlung von Originalrezepten für süße und pikante Mehlspeisen – von Nockerln, Knödeln, Strudeln und Palatschinken über Gerichte mit Nudeln, Kartoffeln, Reis und Mais bis zu Aufläufen, Puddings und Cremes.

Julia della Croce
Pasta
Die große Leidenschaft · 140 Rezepte
Genuss in unendlicher Vielfalt: köstliche Originalrezepte für traditionelle italienische Pasta-Klassiker sowie regionale und ausgefallene Spezialitäten – mit Fotos, die Appetit machen und Lust, neue Zubereitungsarten auszuprobieren.

Eva Mayer-Bahl / Karl Schuhmacher
Das große Buch der österreichischen Mehlspeisen
Süße Traditionen von der Kaiserzeit bis heute
Verführerische Süßspeisen und köstliche Kreationen aus der Backstube: traditionelle Spezialitäten und moderne Rezepte – von der k. u. k. Donaumonarchie bis zur Küchenpraxis von heute.

Erna Horn
Bayrische Kuchl
Liebenswerte Darstellung der altbayrischen Eß- und Kochtradition: Sammlung von Originalrezepten zum Kochen, Braten und Backen – von der richtigen Supp'n und einem guten Fleischerl über Knödel und Spätzle bis zu Torten und Kuchen.

Hanna Perwanger
Südtiroler Leibgerichte
Beliebte Original-Rezepte aus Südtirol: Spezialitäten mit Knödeln, Nudeln, Nocken und Plenten, allerlei Gesottenes und Gebratenes, Kuchen, Torten und Strudel, Zelten und vieles mehr.

Elisabeth Veit
Marktfrisch genießen
Frisch vom Markt auf den Tisch – das Angebot prüfen, die Qualität beurteilen, die beste Auswahl treffen: Gemüse- und Obstsorten von A – Z, gegliedert nach Jahreszeiten, mit Gesundheitswert, Warenkunde, Rezeptideen und Tipps zum Verarbeiten, Lagern, Einlegen, Trocknen und Einmachen.

Im BLV Verlag finden Sie Bücher zu den Themen: Garten und Zimmerpflanzen • Natur • Heimtiere • Jagd und Angeln • Pferde und Reiten • Sport und Fitness • Wandern und Alpinismus • Essen und Trinken

Ausführliche Informationen erhalten Sie bei:
**BLV Verlagsgesellschaft mbH • Postfach 40 03 20 • 80703 München
Tel. 089 / 127 05-0 • Fax 089 / 127 05-543 • http://www.blv.de**

Seit Jahrzehnten millionenfach bewährt:

Das zuverlässige Grundkochbuch mit großem Backteil.

Der Klassiker
Jetzt ganz neu: inhaltlich komplett überarbeitet, aktualisiert und mit vielen neuen Fotos.

Das Grundkochbuch
Für einfache und raffinierte Gerichte aus deutschen Regionen und internationalen Küchen.

Das Backbuch
Für alle Teige – für Kuchen, Torten, Kleingebäck und für die Weihnachtsbäckerei.

Der Ratgeber
Für Warenkunde und Küchenpraxis mit wertvollen Tipps zu gesunder Ernährung, Gästebewirtung, Menüplanung und Getränken.

Die Rezepte
Vielfach erprobt, klar gegliedert und leicht nachvollziehbar – abgestimmt auf die Anforderungen zeitgemäßer Ernährung.

Hedwig Maria Stuber

Ich helf dir KOCHEN

Das erfolgreiche Universalkochbuch mit großem Backteil

DER MILLIONENSELLER IN 35. AUFLAGE

blv